齋藤 孝の天才伝 1

ユング

こころの秘密を探る「ヴィイジョン力」

大和書房

C.G.ユング
天才の理由

C. G. ユング

Carl Gustav Jung

（*1875—1961*）

スイス・ボーデン湖畔に牧師の子として生まれる。
バーゼル大学で医学を学び、精神科医となる。
1907年にフロイトと出会い、全幅の信頼を得るが、13年に決別。
その後は独自の分析心理学を樹立する。
夢、神話などの研究を通じて、無意識の領域をあきらかにした。
20世紀最大の思想家のひとり。

天才の理由
その1

人類にとっての新世界

集合無意識を発見した！

人間の無意識と呼ばれる領域は、古代人から現代人まで通底する「心の地下室」。そう断言した最初の思想家がユングなのです。人類にとって、まったく新しい世界を発見したのだ。

天才の理由
その2

精神医学・心理学界の大勢力

ユング派を生んだ唯一無二の存在力！

どの大学、どの病院でも、「箱庭療法」をはじめとするユングの技法はスタンダードワークです。彼がいなければ、現在の分析心理学や心理療法は存在しなかったのだ。

天才の理由
その3

文学や「スター・ウォーズ」にまで影響を与えた
知のカリスマなのだ！

ヘッセなどノーベル賞作家からロック・ミュージシャンまで、ユングは大きな影響を与えました。とくにオカルトやUFOへの先駆的な関心は、一九六〇年代以降のサブカルチャー状況で脚光を浴びたのです。

7　C.G.ユング　天才の理由

齋藤孝の
天才伝

第1章

ユングの考え方

心の秘密を探求した

01 人間の精神は深いところでつながっている！

私たちが生きている現実世界ではさまざまなことが起こります。私たちは悩んだり、喜んだり、愛したり、憎んだりして日々生きていきます。確かに時がたてばどんな人生も過ぎ去って、終わっていきます。しかし、本当の自分の生命は地下茎《ちかけい》のように地中に隠れていて、変わらないものがあるんだ、というのがユングの主張です。最晩年に生涯を回顧した『ユング自伝――思い出・夢・思想』の冒頭でこういっています。

「我々が見ているのは花であり、それはすぎ去る。しかし根は変わらない」（『ユング自伝1』ヤッフェ編／河合隼雄他訳／みすず書房）

ユングは現実世界の生活を「花」にたとえたのです。そして、この世以外にも重要な世界がある、と指摘しました。この考えは全人類の意識はひとつにつながっている、というユング独特の、後世に大きな影響を与えた思想につながっていきます。ユングは人間の生命の真実は、夢や無意識といった精神の世界を探れば見えてくる、と考えたのでした。

02

自分の中の光と影を追求するところに宝あり！

心理学の大家となったユングは何よりも自分自身を探求して多くの発見をしました。幼い頃から老年期まで、その自分自身を探る旅が終わることはありませんでした。ユングは一生を振り返ってこういっています。

「私の自分についての理解は私の持っている唯一の宝物であり、最も偉大なものである」（『ユング自伝2』ヤッフェ編／河合隼雄他訳／みすず書房）

これは、青年期に進路に迷ったときの夢を回想した言葉です。夢の中でユングは自分の「影」と対面します。影は灯《あか》りによって生まれます。灯りは「自分についての理解」。それは宝物です。しかしそこから「影」も生まれる。奥深い言葉です。ユングの重要な思想のひとつ「影」については九四ページで詳しく紹介しています。

03

人の心の中には素晴らしいドラマがある！

ユングは人間の真理を探して旅を続けた人でした。まず自分自身の内面へ降りていく旅。そしてアフリカや東洋など非ヨーロッパ世界への実際の旅。さらに精神病院で診《み》た患者さんたちとの会話も、人間の生命の現実を探る重要な旅だったのです。

「私の生涯のうちで最もすばらしくかつ有意義な会話は、無名の人々との会話であった」（『ユング自伝1』）

この言葉は、ブルグヘルツリ精神病院での修業時代のことを振り返っての言葉です。どんな名士との断片的な会話よりも、無名の人々との深い交流からユングは人間の生命の真実について多くを学んだのです。

04

自分の潜在能力は思っているよりも、ずっと大きい

ユングは常《つね》に「常識」を疑い、権威に頼らず、自分の力を信じて人間の心の世界を探求していました。しかし多くの人は答えを自分の中ではなく、規律や法則などに求めてしまうのです。

「一般に人はあまりにも無意識のままでいるので、決定を下しうる自分自身の潜在能力に、まるで気がつかずにいる」（『ユング自伝2』）

ユングは、本当は人間には素《す》晴《ば》らしい力があるといいます。独りよがりになってはいけませんが、もっと自分の体験の奥深くに目をやって、その中にある真実を探求していきたいものです。

05

私がいるから世界は存在する

人間は現実の世界を強固で変えられないものと考えてしまうときがあります。しかしどんな現実も、それを見る人がどのようにとらえるかで大きく形を変えるものです。その人の意識の形がその人の世界の形だともいえます。

「世界を創造するのは、神ではなくこの私であり、私の意識化という創造行為によって、はじめて世界は客観的に存在する」（『ユング自伝1』）

ユングのように、世界を創造するのは神でなく自分である、とまで思い切ることが大事です。ここまでいうと現実世界へ対処するパワーが湧《わ》いて、大きな仕事がしたくなります。

06 自分がやっていることの意味を見つめる

「やらなきゃいけないこと」ばかりに追われていると、気持ちがなえてきます。「自分は今、何のためにこれをやっているのか」ということを自分で認識しましょう。自分のやっていることの意味をきちんとつかむことが生きる力になります。

「私には超人的な力があった。私がこれらの空想の中にある経験しつつあることの意味を発見せねばならないということについて、最初から私の心の中には確信があった」（『ユング自伝1』）

ユングは戦争を経験し、自分のなすべきことをはっきり認識して、とりかかった最初の仕事が空想です。一見、「なんで?」と思います。彼は自らの空想の意味をつかみ、戦争を引き起こすような人類全体の意識の問題を解き明かそうとしました。

他人からどのように思われようと遠回りに見えようと、自分の道をみつけた人間は強いのです。

07

心にひらめくインスピレーションを受け入れる

ユングは一九四四年、転倒事件をきっかけに心筋梗塞《しんきんこうそく》で入院します。この病気の後、主要な著作を次々と書いていきます。

入院中、ユングは死と向き合いながら、地上一五〇〇キロメートルの高さから地球を見下ろしたり、宙に浮いている巨石に出会ったりするヴィジョンを見ています。

「事物を在るがままに肯定する」（『ユング自伝2』）

どこか仏教的な、東洋思想的な言葉です。ユングはヴィジョンの意味を考え、病気も含めさまざまな不可解な人生の出来事を、受け入れる強さを持ったのです。それは悟りに近いものだったのかもしれません。

08 自分の敵は自分の中にある

第二次大戦でドイツは独裁者ヒトラーという怪物を生み出しました。

ユングは戦争という大きな悪に対する心理学的なアプローチを行っています。ヒトラー率《ひき》いるナチスドイツの狂気は、ドイツ人自身の無意識につながっているという考えです。

「最悪の敵はまさしくおのれの心の中にあるということを知っておくべきであります」（『現在と未来――ユングの文明論』松代洋一訳／平凡社ライブラリー）

これは何もドイツだけの話ではありません。悪が自分自身の中にもあることに気づき、これを意識し、闘おうとすることは私たちの人生においてもとても大事なことです。

09

私たちはさまざまな時代の、多くの人々から、心を受け継いでいるのだ

私たちは自分の生を歴史の中で独立したただひとつのものであると考えがちです。

とくに現代では「世界で唯一の存在だからあなたには価値がある」という考えが強いですね。それは間違ってはいないのですが、ユングはもっと広い世界を見ています。

DNAが太古の昔から連綿《れんめん》と続いているように、心もどこかでだれかが考えていたこと、いつか思ったことを再構成したものともいえるのです。

ユングはこう言っています。

「われわれは中世、古代、原始時代を、完全に卒業したわけではない」（『ユング自伝2』）

私たちの心の奥底には人間の歴史が隠されていると思うと、とても不思議です。

第2章

哲学からオカルトまで巨大な影響を与えた

これがユングの世界

C・G・ユングの世界

西洋

ロマン主義

影響を受ける

ゲーテ

ショーペンハウアー

ニーチェ

興味しんしん

錬金術

パラケルスス

（精神医学的医療の先駆者）

師でありライバル

S・フロイト

カウンセリング

夢分析・箱庭療法

分析心理学の樹立

神話学

カール・ケレーニイと共同研究

共時性《シンクロニシティー》を発見

ユング研究所

（チューリヒ）

ユング派（ユンギアン）の中心地

エラノス会議

心的現象としての研究

UFO

ポルターガイスト

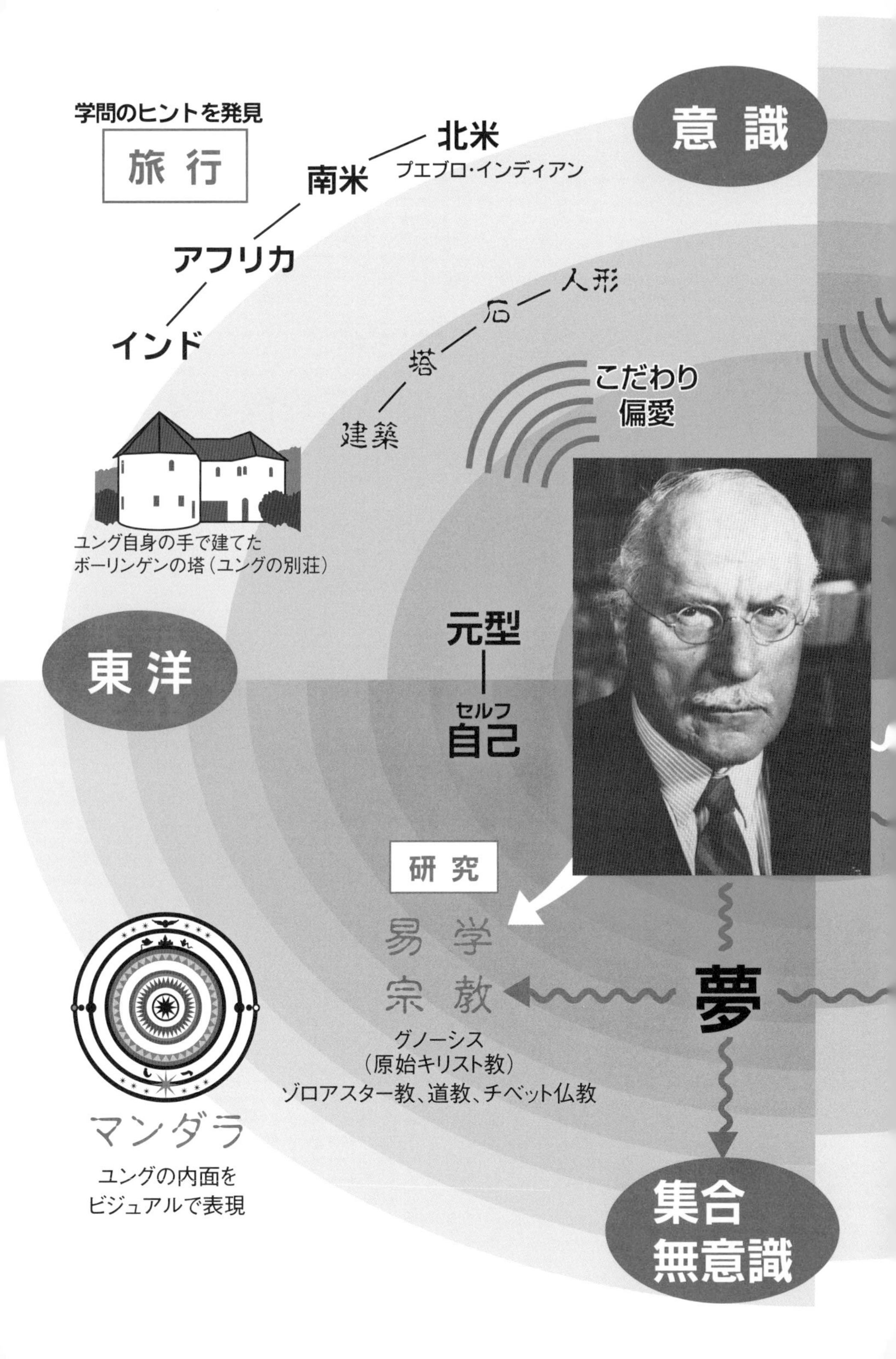

学問のヒントを発見
旅行
インド
アフリカ
南米
北米
プエブロ・インディアン
意識
人形
石
塔
建築
こだわり
偏愛
ユング自身の手で建てた
ボーリンゲンの塔（ユングの別荘）
東洋
元型
自己《セルフ》
研究
易学
宗教
グノーシス
（原始キリスト教）
ゾロアスター教、道教、チベット仏教
夢
マンダラ
ユングの内面を
ビジュアルで表現
集合
無意識

外界-内界

皆の中にあるのにだれも知らなかった世界
広く豊かな精神世界への旅

ユングを読むなら、なんといっても『ユング自伝――思い出・夢・思想』[*1]です。ユングの最晩年に企画され、没後に刊行されました。この自伝にはユングの天才的ヴィジョン力がいっぱいつまってます。どこでだれと何をしたかなんて事実や記録よりも、彼が見た夢や妄想ばっかり。人間の無意識の世界を発見したユングらしい自伝です。

このなかでもユニークなのは、数々のエピソードがちりばめられた、子ども時代の話。

・溺死体《できしたい》や豚の死骸《しがい》をおもしろがって見る。

・博物館ではく製や裸体画に見とれる。

・五センチほどの人形を切り刻んで黒く塗《ぬ》り、筆箱にしまいこむ。

＊1 『ユング自伝――思い出・夢・思想』（A・ヤッフェ編、全二巻。邦訳は河合隼雄・藤縄昭・出井淑子訳、みすず書房刊）。ユングを理解するうえで必須のテキスト。

ふつうの親なら、**「ウチの子はアブナイな」**って危機感を抱くかもしれません。ユングの場合もそうでした。伯母《おば》さんが何度も「いやな子、目を閉じなさい」と注意します。しかし、ユングは目を閉じるどころか、その世界を突き詰めていったわけです。

この『自伝』では、名声や業績を誇るわけではなく、「おれってアブナイ奴」といった内容ばかりが語られるのです。なぜでしょう？　彼にとっては、そんなふうに自らの内面を探ることが、彼の打ち立てた思想の証明だからです。

たとえばこんなエピソードがあります。一二歳のユング少年は学校からの帰り道に、友達から小突かれて頭を打ちます。そのとき瞬間的に**「もう学校へ行かなくてもよい」**とひらめき、「ひきこもり」[*2]になってしまうのです。

彼は妄想《もうそう》をたくましくして森や川べりを散歩したり、戦争や古城のマンガを描いたり、神秘の世界に没頭しました。ユングの内面を形づくるキーワードとなった、木、水たまり、沼、石、動物、父の書斎。これら

*2　ひきこもり
この状態は半年以上も続く。父の書斎で多くの書物を読む。

がわき出る源は、この「ひきこもり」の時間にあったのです。

少年ユングは、一般には非常識で、目を閉じなければならないことでも、好奇心を集中させてその奥にある深い意味、豊かな世界を見いだしていきました。そして、**物質界以上に広がりと、深さのある精神世界**の存在を多くの人に認めさせていくのです。

この感性豊かな少年が、やがて錬金術*3やＵＦＯ*4など、非常識といわれているものからも、人間の心の秘密を解き明かす鍵《かぎ》を見つけ出す思想家へと飛躍《ひやく》します。ユングは人間存在の領域と可能性を広げた偉大な人物となっていきます。

師匠を超えた弟子
独自の分析心理学を確立

一九〇七年にはじめて出会って以来、ユングは自他ともに認めるフロ

*3　錬金術（れんきんじゅつ、Alchemy）
卑金属から貴金属（特に金）を精錬しようとする技術で、中世ヨーロッパで流行する。後の化学のベースとなる。

*4　ＵＦＯ
未確認飛行物体のこと。異星人の飛行物体だけのことではなく、正体不明の飛行物体すべてを指す。

イトの後継者でした。フロイトは、発足したばかりの国際精神分析学会会長にユングを推薦。機関誌の編集まで任せました。**ユングはフロイトのいわば「皇太子」だった**のです。

そのユングが師と決別した理由のひとつは、彼のオカルトへの関心です。彼がチューリヒ大学に提出した博士論文は、「いわゆるオカルト現象の心理と病理」[*5]といいます。青年時代の彼は、降霊術《こうれいじゅつ》に参加したこともあれば、ポルターガイスト[*6]も何度か体験したことがあるというから、アブナイ奴は健在でした。しかも、師・フロイトを訪れたときに、ポルターガイストが起こったのです。

このときの体験については、フロイトからユングに宛《あ》てた手紙が残っています。フロイトは自分の目の前で生じた出来事を完全に否定したあと、愛弟子にいいました。

「親愛なる息子に警告を発します、頭を冷やしなさい」

しかしユングは、自分の考えを変えません。それどころか、敬愛する師と別れる道を選択したのです。ユングは後に錬金術や異端《いたん》の宗教、果

---

*5　邦訳は一九八二年に法政大学出版局より刊行された『心霊現象の心理と病理』所収。

*6　**ポルターガイスト**　室内の家具が倒れたり、騒音がするなどの怪現象のこと。

てはUFOなども研究しています。

そもそも、**フロイトとユングは両極端な個性**でした。モダン都市・ウィーンでユダヤ人として育ったフロイトと、スイスの片田舎で自然に囲まれて暮らしたユング。その違いは、リビドー[*7]をめぐる考え方にも、はっきりとあらわれることになります。フロイトがそれをもっぱら性的なものと捉《とら》えたのに対して、ユングはもっと広く、「心的エネルギー」「生きる力のあらわれ」と考えました。

両者の決別によって、ユングはフロイトの精神分析学（psycho-analysis）の影響を脱し、分析心理学（analytical psychology）という独自の体系を生み出します。それは「いまの私の内的な経験が、歴史上のどこかの段階ですでに起こったものではなかったか」と、自分の内面を深く探っていく「夜の航海」のはじまりでした。

彼は無意識との対決をその後の自分の最大の課題として、そこから現代の思想・哲学に影響を与えた「集合無意識」[*8]や「元型」[*9]「個性化」[*10]といった重要なテーマを発見していきます。

＊7 リビドー
人間の行動の動機になる隠れた欲望のこと。

＊8 集合無意識
個人的無意識に対立する概念。普遍的であり、また規則性、歴史性を持っている。詳しくは一〇二ページ。

＊9 元型
おとぎ話や神話にあらわれるモティーフやイメージを含む、太古的な性質を持ったある特定の集合のこと。影、アニマ・アニムス、老賢者など。

＊10 個性化
ユングがこの言葉を使うとき、人間が心理的に独立した、それ以上

分割することのできない単位となる過程のことを指す。

西洋文明の限界をラクラク飛び出す
ユングが成し遂げたこと

「ユングの祖父はゲーテ*11の子だった」という話があります。

分析心理学の手法が歴史に根ざした文学的なものであるにせよ、この話はマユツバものです。でも、ユング自身ははっきり否定していません。ゲーテに心酔《しんすい》していた彼は、この手の話題を楽しんでいたのでしょう。おかげでこのエピソードは**ユングの〝都市伝説〟**になっています。

ユングにはこうしたエピソードがたくさんあります。たとえば、密教思想を集約したマンダラを、無意識を追求しているうちに書いてしまう。ユングは非西欧文明、つまり東洋思想にも探求の手を伸ばし、その研究を通じて「共時性（シンクロニシティー）」というテーマも発見しています。

北米、南米、熱帯アフリカ、そしてインドなどに旅行し、とくにアメリカのニューメキシコ*12では、「白人は頭で考えるから気が狂っている。イ

*11 J・W・ゲーテ
（一七四九－一八三二）ドイツを代表する巨人。詩人、作家、劇作家、科学者、政治家として幅広く活躍した。半世紀以上をかけて執筆された『ファウスト』は、彼の代表作であり、世界文学の最高峰のひとつ。

*12 ニューメキシコ
アメリカ合衆国の南西部にある。ユングはプエブロ・インディアンの酋長と交流を持った。

ンディアンは心臓で考える」と言われて衝撃を受け、合理主義・理性主義だけに偏る**ヨーロッパ文明の「影」を批判**します。そして、西洋科学と東洋哲学の融合を試み、新しい人間の生きる道、ありかたを模索していくのです。

「世界を創造するのは、神ではなくこの私であり、私の意識化という創造行為によって、はじめて世界は客観的に存在する」

このようにしてユングは、世界がどのようにして生まれ、存在するのかを解明するわけです。この世界観は、混沌《こんとん》とした現代を生きる私たちに大きな示唆《しさ》を与えてくれるはずです。

ではいよいよ第3章で、類《たぐ》いまれなるユングの「天才力」を検証しましょう。

第3章

ユングのこだわり人生絵巻

「夢」を極めた男は超ロマンティスト!?

0歳

1875

カール・グスタフ・ユング誕生。

七月二六日、スイス連邦トゥルガウ州に生まれる。三～四歳ころ、最初の夢の中で「地下の大王」を見る。

「その夢は一生涯ずっと私の心を奪うことになった」『ユング自伝1』

20歳

1895

バーゼル大学入学。自然科学と医学を学ぶ。

21歳

1896

一四歳のエンマ・ラウシェンバッハと出会う。

「彼女をほんの一瞬見ただけなのに、彼女が私の妻になるであろうということがわかったからだ」『ユング自伝1』

23歳

1898

自宅の食堂でポルターガイストを経験する。その後も降霊会に出席するなど、オカルトへの関心を深める。

25歳

1900

精神科医の道を選ぶ。

「(クラフト=エビングの教科書が)精神医学をすっかり変貌させるほどの決定的な光を投げかけたので、私は精神医学の魅力に取り返しのつかないほど深く引きつけられていたのである」『ユング自伝1』

天才ユングとその時代

1895 レントゲンがX線を発見

1896 ベクレルがウラン放射能を発見

1900 フロイト『夢判断』を刊行

28歳
1903
エンマと結婚。

32歳
1907
ウィーンでフロイトとはじめての会見。

「私があなたを公式に長男としてわが子に迎えわたしの跡継ぎとし（後略）」（フロイト）

「私の彼に対する印象はいくぶんもつれていた。つまり私は彼を把握することができなかったのである」『ユング自伝1・2』

34歳
1909
大学病院を退職し、チューリヒ近郊のキュスナハトで開業。

38歳
1913
フロイトと決別。

「しかし私は、私の権威を危うくすることはできないんだ！」（フロイト）

「個人的関係を解消したいという先生の御要望はかなえられるでしょう。わたしはこれまで誰にも友情を押し付けたことがないからです」

『ユング自伝1』『ユング伝』（G・ヴェーア／村本詔司訳／創元社）

41歳
1916
はじめてマンダラを描く。

1903　パブロフが条件反射の研究発表

1905　アインシュタインが特殊相対性理論を発表

1913　プルースト『失われた時を求めて』

1914　第一次世界大戦勃発

1916　カフカ『変身』

45歳

1920

北アフリカ旅行。ヨーロッパを外から見る。

「ついに私は、ながらく望んでいた、非ヨーロッパの国に来た。（中略）いくたびも私は、一度でもよいからヨーロッパを外から眺めたい、つまりヨーロッパとはあらゆる点で異なった環境のなかに反映した、ヨーロッパのイメージを考えてみたいとかねがね望んでいた」『ユング自伝2』

その後もニューメキシコ（アメリカ）、ナイル川流域（アフリカ）、インド、エジプト、パレスチナなどへ積極的に足を運び、第三世界からヨーロッパの「影」の部分を見直すことになる。

58歳

1933

第一級の学者が集って神秘的思想などを研究する第一回エラノス会議開催。

「偉大な魂の研究者、C・G・ユングとの出会いは、エラノスの最初の時期にとって決定的な意味を持っていました」（A・ポルトマン）（『ユング伝』）

69歳

1944

ユング入院。日課の散歩のときに転倒し、入院中に心筋梗塞のために危篤状態に陥る。このとき弟子たちのあいだで不思議な共時的現象が起こった。

1917 ロシア革命
1919 H・ヘッセ『デミアン』
1929 世界恐慌
1933 ドイツでヒトラー政権樹立
1937 ピカソ「ゲルニカ」
1939 第二次世界大戦勃発
1943 サン＝テグジュペリ『星の王子さま』

73歳
1948
チューリヒにユング研究所が創設される。

78歳
1953
四〇年来の恋人、トーニー・ヴォルフ死去。
「ショックを克服できるまでには、たしかに時間がかかった」（B・ハナー）（『評伝ユング1』B・ハナー／後藤佳珠・鳥山平三訳／人文書院）

82歳
1957
BBCテレビのインタビュー。
「いま神を信じていますか?」という問いに答えて、
「わたしは知っています。わざわざ信じるまでもないのです。知っているのです!」（『ユング伝』）

84歳
1959
妻・エンマが死去。

86歳
1961
ユング死去。
六月六日、短い病気療養を経てキュスナハトにて亡くなる。翌年、『ユング自伝——思い出・夢・思想』が刊行される。

1945
第二次世界大戦終結

1949
中華人民共和国成立

1961
ガガーリンが宇宙飛行に成功

Point 1 見えない世界をつかむヴィジョン力

精神の世界を切り開いた男

思い切り主観にこだわる力を武器にして学問を打ち立てる

ユングは、生涯「自分の内なる世界を探検する」を追い続けました。そのきっかけとなったのは、三〜四歳の頃に見たファルロス*1の夢です。

「その夢は一生涯ずっと私の心を奪うことになったのである。その時私は三歳と四歳の間だった。

牧師館は、ラウフェン城の近くに全《まった》くぽつんと立っていて、寺男《てらおとこ》の農家の背後には大きな牧場が拡がっていた。夢で私はこの牧場にいた。突然私は地面に、暗い長方形の石を並べた穴をみつけた。かつてみたことのないものだった。（中略）その時、石の階段が下に通じているのをみたのである。ためらいながらそしてこわごわ、私は下りていった。底には丸いアーチ型の出入口があって、緑のカーテンで閉ざされていた。（中略）

*1 ファルロス
男根のこと。

後に何が隠されているのかを見たくて、私はカーテンを脇へ押しやった。私は自分の前のうす明りの中に長さ約一〇メートルの長方形の部屋があるのを見た。天井はアーチ形に刻んだ布で作られていた。床は敷石でおおわれ、中央には赤いじゅうたんが入口から低い台にまで及んでいた。台の上にはすばらしく見事な黄金の玉座《ぎょくざ》があった。（中略）すばらしい玉座でおとぎ話の本当の王様の玉座だった。何かがその上に立っていて、はじめ、私は四―五メートルの高さで、約五〇―六〇センチメートルの太さの木の幹かと思った。とてつもなく大きくて、天井に届かんばかりだった。けれどもそれは奇妙な構造をしていた。それ

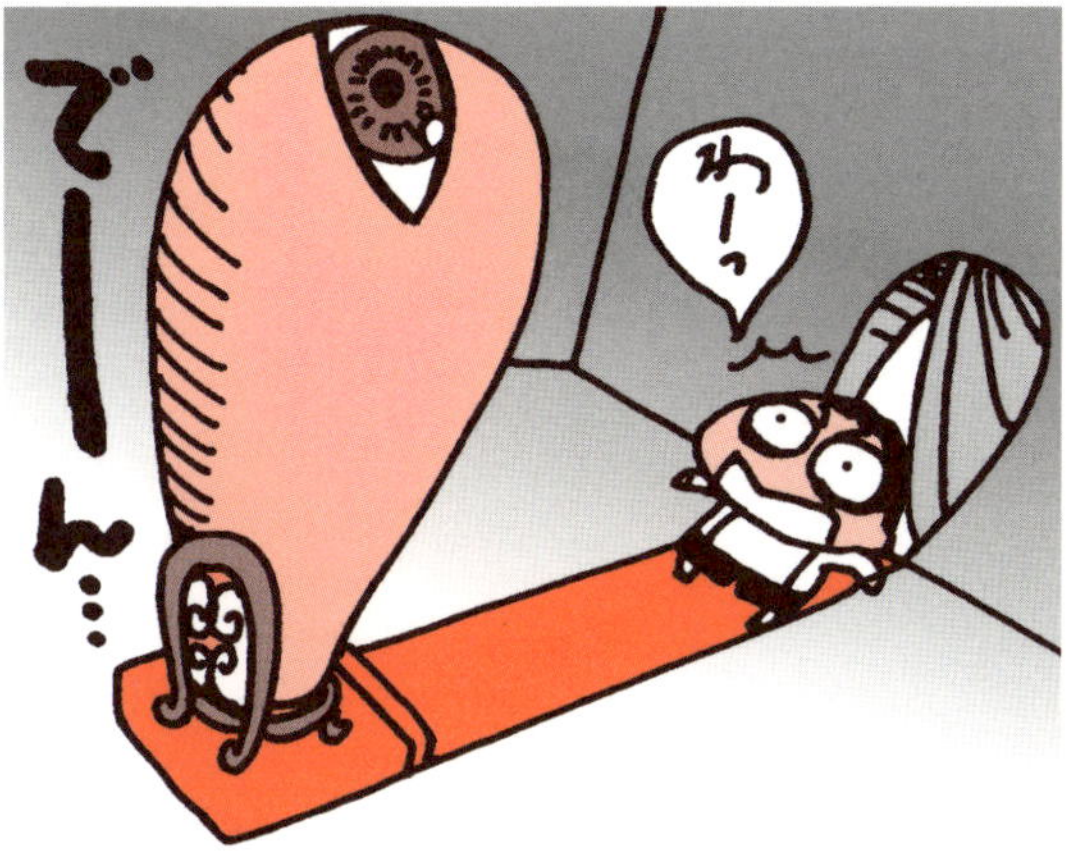

生涯心を奪った「地下の大王」の不思議な夢のヴィジョン

は、皮と裸の肉でできていて、てっぺんには顔も髪もないまんまるの頭に似た何かがあり、頭のてっぺんには目がひとつあって、じっと動かずにまっすぐ上を見つめていた。

（中略）私は、いつそれが虫のように、玉座から這《は》い出して、私の方へやってくるかもしれないと感じていた。私はこわくて動けなかった。その時、外から私の上に母の声がきこえた。**母は『そう、よく見てごらん、あれが人喰《ひとく》いですよ』**と叫んだ。それが私の怖れをさらにいちだんと強めた。目が覚めると、私は汗びっしょりでもう少しで死なんばかりだった。（中略）この夢は、数年間たえずつきまとって私を悩ませた」

（『ユング自伝1』）

ふつうは、子どもの頃に持った好奇心を捨てながら大人になっていきます。しかし、ユングはある好奇心が次の好奇心を呼び込み、連なって一生を構成していきます。好奇心の鎖《くさり》がどんどんつながっていくのです。

ユングの好奇心はすべて、**内なる自己の深層に降りていく**ことにつながっています。彼は内面への旅によって、人間の精神を研究する学問

ヴィジョン力を武器に心の地下室を探検する。

体系をつくり上げました。そして現在、私たちは人間の精神の奥にある無意識という広大な世界にさまざまな可能性を見いだすことができるようになったのです。

その自己の深層への旅を可能にしたのは、ユングの並はずれたヴィジョン力です。**空想や夢想を、映像として、はっきりヴィジョンとして見る力**がユングの場合はとくにすぐれていたのです。

『ユング自伝』[*2]は、自分の生涯のできごとを語っているというよりは、自分のヴィジョンを中心にして構成されています。

ユングははじめにこう語っています。

「私の一生は、無意識の自己実現の物語である。（中略）

内的な見地からすると我々はいったい何であり、人はその本質的な性質において何のように思われるかを我々は神話を通してのみ語ることができる。神話はより個人的なものであり、科学よりももっと的確に一生を語る。（中略）

そこで今八十三歳になって私が企《くわだ》てたのは、私個人の神話を語ること

＊2　ユングのヴィジョンカ
他に死体がよみがえる夢や、大洪水の夢、海が血に変わる夢や、幻覚を見ている。

である。とはいえ私にできるのは、直接的な話をすること、つまりただ『物語る』だけである。物語が本当かどうかは問題ではない。**私の話しているのが私の神話、私の真実であるかどうかだけが問題なのである**」(『ユング自伝1』)

ユングは自分の一生で語る値打ちのあることは、内的体験だというのです。

「結局、私の一生の中で話す値打ちのある出来事は、不滅の世界がこのつかのまの世界へ侵入したことである。そしてそれが、私が夢やヴィジョンを含んだ内的体験を主にお話しする理由である。これらは同時に私の科学的な仕事の第一の素材になっている。それは研究されなければならぬ石が、それから結晶していく灼《や》けつくような岩になったのである」(『ユング自伝1』)

ユングのヴィジョン力こそが、彼の研究の土台になっていることがよく示されています。ユングは、自分の得意技を生涯の武器にしました。ヴィジョン力によってひとつの学問体系をつくってしまうのです。

ふつう、ヴィジョンを見る力は主観的なものですから学問になりません。ヴィジョン力が必要なのは科学者よりも芸術家でしょう。芸術家は、ヴィジョンがそのまま作品につながっていきます。

ユングの場合には、芸術家のように作品を創作する方向に行かずに、それを普遍的な心の理論につなげていこうとしました。

ユングには、ヴィジョンを記録しているノートが六冊ありました。後に**『赤の書』**と呼ばれる赤い革表紙の大判のノートです。自らの極彩色《ごくさいしき》の絵も添えています。自分のヴィジョンを書き出して調べ上げていく手法を徹底させたところにユングの技法の独自性が生まれたといえます。

今、ユング派の心理学者になるためには、チューリヒのユング研究所で、四年～六年の間、自分の夢を徹底的にスーパーバイズしてもらわなければなりません。自分の夢を語って分析してもらうということは、ちょっと恐ろしい気持ちもします。

河合隼雄[*3]さんや秋山さと子[*4]さんは、六〇年代はじめにユング研究所に在籍して、そういう分析を受けてきたわけです。

＊3　河合隼雄（一九二八－　）臨床心理学者。京都大学名誉教授。二〇〇二年より文化庁長官。スイスのユング研究所で日本人として初めてユング派分析家の資格を得て、ユング心理学を日本に紹介した。以来、日本におけるユング心理学の第一人者。

＊4　秋山さと子（一九二三－一九九二）ジャズ歌手、放送・映画関係の仕事を経て渡欧し、スイスのユング研究所で分析医としての訓練を受ける。大学の講師、東京ユング研究会主宰を務め、さかんな執筆活動でユングの思想・学問を紹介。

そこまでスーパーバイザーに自分の内面への旅を補佐《ほさ》してもらいながら、自分を探るというようなやり方は、学問としてはかなりユニークなものです。その独自な方法は、ユングがヴィジョンを見るのに長《た》けていたということを、学問上の方法にまでしてしまったからこそ生み出されたものです。

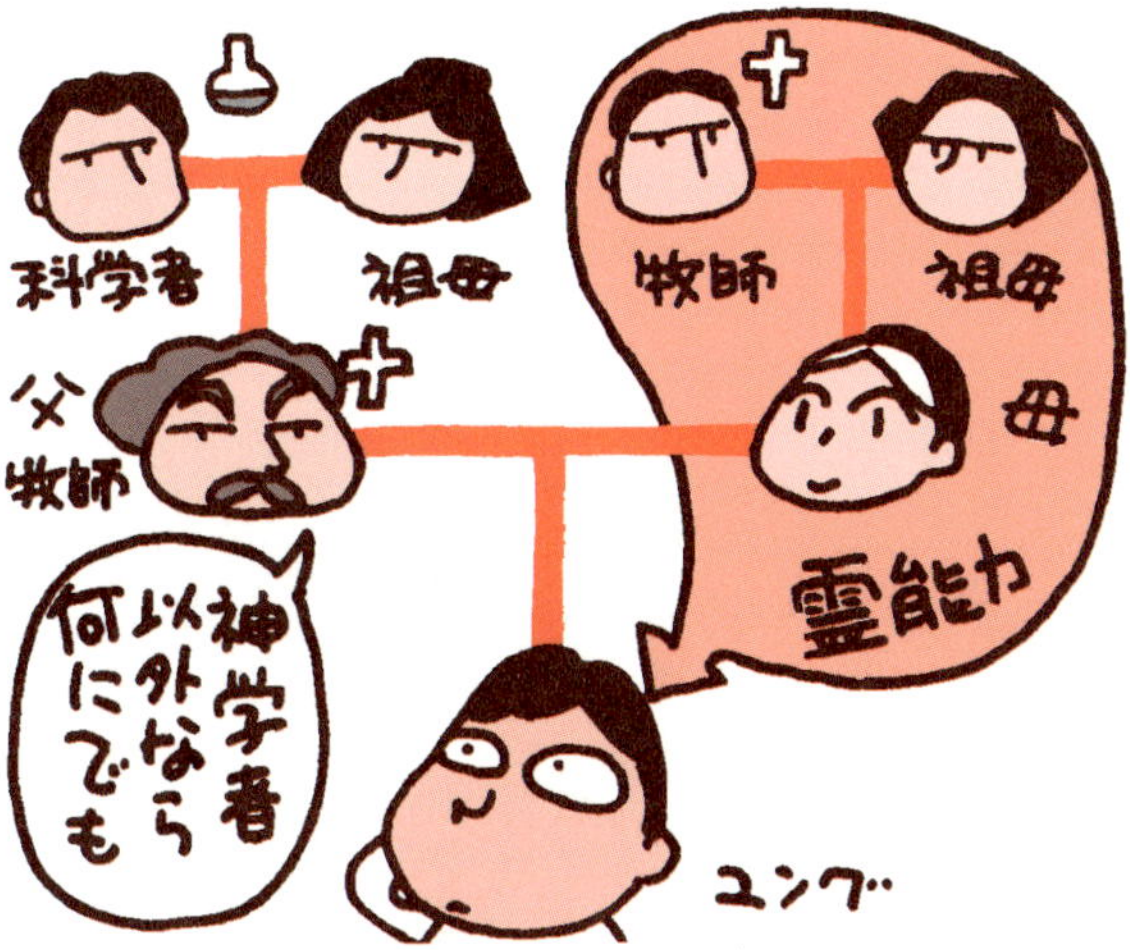

エキセントリックな家系！

霊感一族の力を受け継ぐ

天才と言われる人々に共通した特徴でもありますが、ユングも自分に降りかかってくる運命というものをフル活用しています。

ユングの母方には**霊的な直感のある人**が何人かいました。

母方の祖父のザムエル・プライスヴェルクという人はバーゼル教会の牧師長で、当時の精神界のリーダーであり、霊能者としても知られていました。

祖母もまた霊能者として有名でした。その血を受け継いだユングの母や叔母さんも、霊能力を持っていたようです。母方から受け継いで、ユングもそうした資質を持っていたのでしょう。自分に流れ込んでいるすべてを、ユングはいわば財産として生かしていったのです。

お父さんは牧師であったにもかかわらず、面白い人で、ユングが進路について迷っていたときに、こんなふうに言います。

「数度にわたって、父は私と真面目《まじめ》に話し合った。私は何でも好きなことを勉強すればいいのだが、もし私が、父からの忠告が欲しいのなら、私は神学《しんがく》を避けるべきであるというのである。**『神学者以外なら、好きなものになっていいんだ』**と、彼は断固としたふうで言った。（中略）

私は神学者になろうとは少しも思っていないと言って、父を安心させることができた。しかし、私は、自然科学と人文科学との間でためらい続けた」（『ユング自伝1』）

ユングは、最初、学問として科学を選びます。牧師の家に生まれたのですが、牧師になろうとはしません。ニーチェ*5やヘッセ*6も牧師の家に生まれていますが、牧師を目指すどころか、それに反発します。牧師の家特有のある種の抑圧感は共通していたのでしょう。

ヘッセに『デミアン』という小説があります。主人公の少年、シンクレールは良心の世界、つねに明るい世界で善なるものに満ちている世界に育つのですが、あるときデミアンという友人にひかれていきます。デミアンの信じている

ヨーロッパの外へ出る。インドへ、アフリカへ。

*5 ニーチェ（一八四四－一九〇〇）ドイツの哲学者。牧師の子として生まれ、古典文献学で才能を発揮し、二五歳でスイスのバーゼル大学教授に就任。多くの著書でキリスト教的価値に挑戦し、二〇世紀の哲学の基礎をなした。

*6 ヘッセ（一八七七－一九六二）ドイツの詩人、小説家。牧師の子に生まれるが、神学校を中退。さまざまな職につきながら作品を発表。ノーベル文学賞受賞。代表作に『荒野のおおかみ』『シッダールタ』『車輪の下』など。

神は、善と悪を含みこんだアプラクサスという神で、ゾロアスター教[*7]がモデルだともいわれる、キリスト教の神とは違う神です。デミアンの導きでシンクレールは真の自己形成を果たしていくというストーリーです。

ヘッセはユング研究会に出入りしており、『デミアン』はユング思想の影響が指摘されています。

キリスト教の牧師の家という、善なるもの、聖なるものでできているような場で育つことで、ユングにあるエネルギーが生まれます。それは、**キリスト教的な世界から逸脱《いつだつ》する方向へのエネルギー**です。

ユングの人生を大きく見ると、神話の世界、古代の世界、アフリカ、インドなど、非ヨーロッパ的世界に向かっていきます。ふつうのヨーロッパ人の知的生活の範囲の外の世界へとどんどん逸脱していっています。それはユングの学問・思想に大きな広がりを持たせています。

ユングにしてもヘッセ、ニーチェにしても、そうした生まれ育った環境からの反発が大きなエネルギーになったといえます。

*7 ゾロアスター教
古代イラン地方でゾロアスターが興した宗教。この世は善なる霊と悪なる霊の対立・闘争であるとし、火を崇めるなどの特徴を持ち、さまざまな宗教に影響を与えた。

二つの世界をバランスよく行き来する

ユングの最大の特徴は、**二つの世界を往復できる力**があるということです。それも極端に違う二極を往復することができたのです。

精神世界、夢想の世界を追求しながら、現実的には、それをきちんと学問として研究しています。表層と深層、明と暗などの二極の世界を往復できる力、度量《どりょう》があるのです。

ユングは、夢や神話の世界にどっぷりと浸《つ》かっているようでいて、現実的には、奥さんと子どももいてきちんとした家庭生活、経済的にもまともな社会生活もできています。

ユングのように、夢の世界、神話の世界、非現実的な世界に深く入り込んでしまうと、現実の生活が破綻《はたん》してしまうことがよくあります。しかし、ユングは、**現実と非現実の世界の両立ができている**という点で、希有《けう》な人です。

悲観的になって、孤独に一人の世界に徹底的に潜《もぐ》り込んでいる時期があれば、きちんと社会的に活躍する時期もあります。孤独な世界で徹底的に自分に集中して思索《しさく》した人生の一段階が次の社会的に活躍する段階の飛躍力になっています。

現代人でも、霊的なもの、占い、UFO、錬金術などにはひかれるところがあるでしょう。たしかにユングは、そういう一種のロマン、人類の想像力を愛したことがひとつの大きな特徴です。ユングの世界が好きだという人の中には、夢やオカルト的な面だけにはまってしまい、分析的な知性を失ったり、論理的思考能力を軽視したりする人がいます。

しかし、ユングは、すべてを内なる自分自身への旅として活用するという探求スタイルになっています。

ユングが超現実的な世界に深く入り込みながら、現実を忘れず、現実との往復ができた理由は、彼が非常に知性があり分析的だったからです。彼は分析的な知性の力を強く信じ続けていたのです。

ふつうは、いわゆる理性を取り去ることで、そうした無意識的世界が噴出《ふんしゅつ》してくると考えるかもしれません。しかし、実際は逆で、ユングは、**理性的な判断力を無意識的世界を切り開く道具にしている**のです。

知性があるからこそ、不思議な精神世界へ行っても現実に戻ってこられる。

そういう理性的な判断力がない人は、無意識の世界や超現実的な世界に飲み込まれてしまうわけです。ユング最大の特徴は、この理性による二極往復力にあるのです。

学べるポイント

① **自分の武器をよく知って徹底して使い続ける**

② **自分の直感したことを信じる**

③ **感性の世界を究めるために強靭《きょうじん》な知性を持つ**

Point 2

師との守破離《しゅはり》

フロイトに学び、乗り越える

精神医学との運命的出合い

ユングの生涯を見て感じるのは、一人の人間がひとつのテーマを失わずに追求すると、ここまでビッグになれる、ということです。一カ所を延々と掘り続けると、突き抜けることができるのです。

ユングはたしかに非常に天才的な人ですが、当時圧倒的な知力で有名だったかというと、そうでもありません。優秀ではあったでしょうが、そういう優秀な人はたくさんいました。彼の場合は、**絶対に他人の意見でテーマを曲げなかったこと**で、世界に影響を与えるほどの天才力を発揮したといえます。

学者の世界は、外から見るよりもずっと人間関係に左右されるものです。自分の選んだ研究テーマが、だれか（たとえば権威ある教授など）から研究として認められる必要があります。自分勝手に独自な研究テーマを立てて、好きなように研究を深めれば研究者になれるというようには、研究者社会はできていません。

ユングもはじめから自分のヴィジョンが直接学問と結びつくとは思ってはいなかったと思います。ですから、ユングはまずはじめ内科医を志《こころざ》していました。

当時、精神医学は医学界で、それほど確固たる領域とは認められていませんでした。ユングが精神医学をめざしたのは、クラフト＝エビング[*8]の本がきっかけです。

ユングがこの本を読んだのは、国家試験に備えての勉強をしているとき、最後になって、「さて、精神医学者が自ら言わねばならないことをみてみよう」（『ユング自伝1』）という態度でした。つまり、役には立ちそうもないが、国家試験のためには、一応勉強しておかなければ仕方がない、というくらいのものだったのです。

ところが、序言を読みはじめて、ユングはそこに**自分がずっと求め**

*8　クラフト＝エビング（一八四〇－一九〇二）ドイツの精神科医。梅毒、催眠、癲癇研究や犯罪精神病理学の先駆者。

ていたものを見つけたのです。

「著者は精神病を『人格のやまい』と呼んでいた。突如として、私の心臓が動悸《どうき》をうちはじめた。私は立上って深呼吸をしなければならなかった。私の興奮は激しかったが、それは**私にとって唯一の可能な目標は精神医学だ**ということが啓示の閃《ひらめ》きの中で明らかになったからである。

試験のために読んだクラフト＝エビングの精神医学の本が人生を決めた。試験勉強もムダじゃない

ここにおいてのみ、私の二つの興味の方向が共に和し、その和合した流れの中に自らの土台を探りあてることができるのである。ここにこそ、私があらゆるところで探し求め、どこにも見出しえなかった生物学的および精神的事実に共通な経験の場があったのである。自然と霊《スピリット》との衝突が一つの現実となる場所が、ついにここにみつ

かったのだった」（『ユング自伝1』）

ユングと精神医学との出合いは、非常に幸運なことだったといえます。自分のやりたいことと研究の道が一致する分野が見つかったわけです。

こうしてユングは、一九〇〇年一二月にチューリヒ大学のブルグヘルツリ精神病院の助手として、精神医学の道を歩みはじめます。教授は当時の精神病理学では大物で、「統合失調症」という用語をはじめて用いたことで有名なオイゲン・ブロイラー*9（ブロイレル）です。

一九〇五年、ユングはチューリヒ大学精神科の講師になり、同じ年大学病院精神科の医局長になりました。医局長は一九〇九年までの四年間、講師としては一九一三年まで講義を続けています。

そこでユングが自分のテーマ、今のユング心理学といわれているようなものをいきなり研究しようとすれば、それは造反《ぞうはん》になってしまうわけです。まずは地道な研究が必要です。ブロイラーのもとでそのままきちんと研究していれば、その内部で出世して、大学の先生になって講義をするという道がありました。

*9 ブロイラー（一八五七―一九三九）
ドイツの精神科医。統合失調症、連合障害、情動障害、自閉など、現代に引きつがれる重要な精神医学的概念を確立した。

しかし結局、ユングは大学を離れます。ユングが自分の道を歩むきっかけになったのは、精神医学・心理学の巨人、ジークムント・フロイト[*10]との出会いがきっかけでした。

巨人フロイトとの出会い

ユングは精神分析の父といわれるフロイトと、ある時期まで非常に緊密な関係にありましたが、最後には決定的に決裂《けつれつ》します。

ユングがはじめてフロイトを知ったのは、一九〇〇年にフロイトが『夢の解釈』（『夢判断』）を出した年です。ユングはこの年ブロイラーのすすめでそれを読んでいます。当時は、途中で放棄していますが、後にそれが、いかにユング自身の考えとよくつながっているかを発見します。

しかし、当時の精神医学の世界では、**フロイトは異端《いたん》**でした。フロイトの意見に賛成したり、擁護《ようご》することは、それだけで大勢の敵をつくることになりました。

「当初、フロイトを私の一生の中に適切に位置づけたり、彼に対して正

*10　フロイト（一八五六―一九三九）
オーストリアの精神病理学者、精神分析の創始者。精神分析の基礎理論を構築、技法を整備。無意識論、エロス論、心的装置論などは、二〇世紀の人文学・科学全般に大きな影響を与えた。

当な態度をとることは、私には容易なことではなかった。彼の著作に親しむようになったころ、私は学者として生涯を送ろうと計画し、大学での昇進を意味する論文を完成しようとしていた。しかもフロイトは、当時学会では明らかに好ましくない人物であり、彼と接触をもつことは、科学の仲間の中では名誉を傷つけられることであった」(『ユング自伝1』)

実際フロイトを評価することは、当時の学会から追放される危険さえありました。ユングはこういっています。

「……私は一九〇六年に、『ミュンヘン医学週刊誌』にフロイトの神経症理論についての論文を書いたが、それは強迫神経症の理解に大いに貢献してきた。この論文に応えて、二人のドイツの大学教授が、もしフロイトの味方に留《とど》まって彼を弁護しつづけるのなら、私はその学問的な経歴を剥奪《はくだつ》されるであろうという警告を発してきた。私は答えた。『もしフロイトの言っていることが真理なら私は彼と行をともにする。学問的経歴が、探究の手を制限し、かつ真理をおおい隠すという前提に基《もと》づかれねばならぬのなら、私はそれを無視する』そして私は、フロイトとその考えを守りつづけたのである」（『ユング自伝1』）

ユングは、**学会を敵に回しても、それが真理であるなら、フロイトの側に立つと公然と宣言した**わけです。もちろん、このユングの擁護《ようご》は、当時孤立していたフロイトをとても喜ばせます。

この頃から、フロイトとの書簡の交換がはじまります。そして、一九〇七年二月、ユングはフロイトと会見し、この日二人は、**一三時間も休みなく話し合います。**

「ウィーンでの我々の最初の会合は、一九〇七年二月に行われた。（中略）**フロイトは、私の出会った最初の真に重要な人物**であった。私のその時までの経験では、他に誰一人として彼に匹敵する人物はいなかった。（中略）私は彼がきわめて聡明で、鋭い洞察力をもっており、全く非凡であるのを見出した。それでもなお、私の彼に対する印象はいくぶんもつれていた。（中略）

彼がその性理論[*11]について言ったことは、私に深い感銘を与えた。それにもかかわらず、彼の言は私のためらいや疑惑をぬぐい去ることはでき

＊11 性理論
フロイトは人間の心の奥底には性に対する抑圧があり、それが精神病などの大きな原因と説いた。

なかった。幾度か私は、自身のこうした保留を押し拡げようと試みたが、そのたびごとに、彼はそれを私の経験不足に帰するのだった」（『ユング自伝1』）

ユングはフロイトを非凡な人物と認めながら、どこか違和感を感じていきます。このことはやがてフロイトとの決別につながっていきます。

フロイトをステップボードにする

フロイトとユングは、非常に対照的です。まず、家庭環境がそうです。フロイトはユダヤ人の家父長的な権力を持つ父親の下に育ちました。それに対して、ユングの父親は真面目な牧師で、父親からの影響は比較的少なく、母親[*12]の影響が強いのです。ユングが母なるものに対する関心が強いのはこのあたりに原因がありそうです。彼らの研究を比較してみると、**フロイトが父的なるものを重視したのに対して、ユングは母的なるものを重視した**といえます。

また、ユングはヴィジョンを見る力がすぐれていましたが、フロイト

*12　ユングの母エミリー
かなり激しい性格の持ち主で、一人の人間の中に二人の人格があるようにも思われたという。

は現実的でそうした力はあまりなかったようです。

二人の道が分かれていく背景には、そのようなことも大きかったと思われます。それでも、二人の出会いは、お互いにとって、運命的なものでした。

運命をどう活用するのかは、その人にかかっています。ユングには、運命を活用する強い力がありました。

フロイトほどに偉大な存在が身近にあると、ふつうは、フロイトに飲み込まれてしまうか、嫌悪《けんお》して無視したり、理解しようとせずに離れてしまうかのどちらかです。

フロイトは一種独自な、壮大な理論構築ができる人です。その理論の内部に入ってしまうと、たいがいの

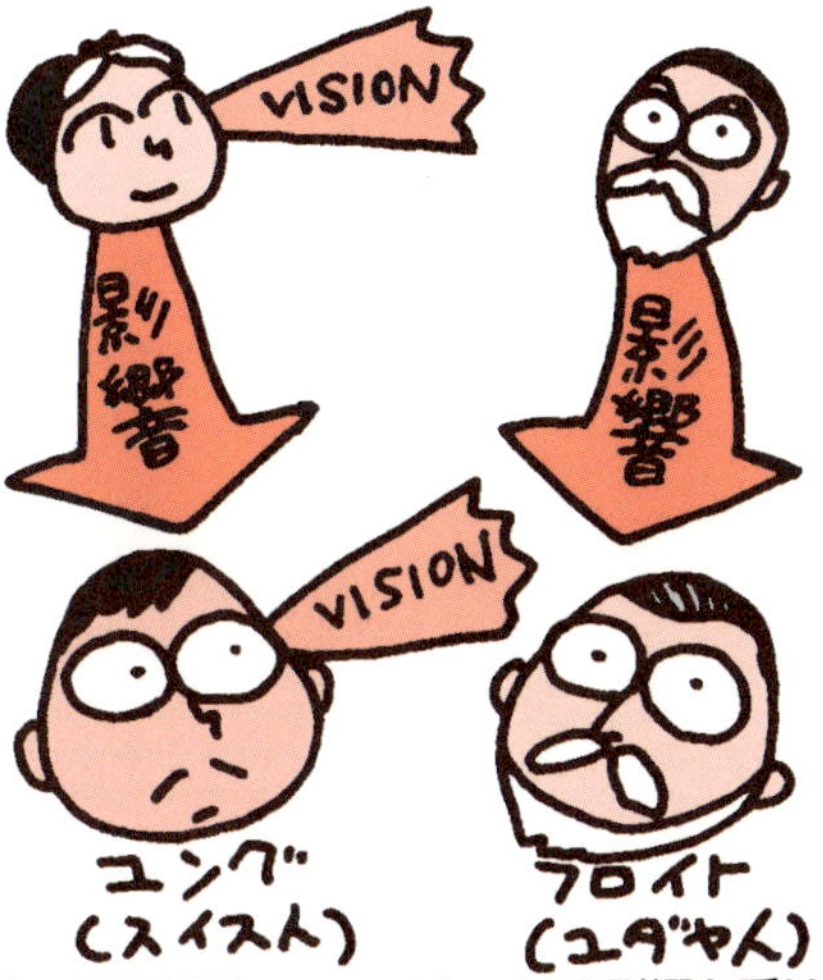

父の影響が強いフロイト。母の影響を受けたユング

ことが説明できてしまいます。

その意味では、キリスト教や、近代の思想であればマルクス主義[*13]と同じくらいのパワーがあります。

カール・R・ポパー[*14]という人が『歴史主義の貧困』という本で、「科学であることの条件というのは反証可能性」だと批判しています。つまり、そうではないことの例を挙げられて、その理論が間違っていることを証明できるものは科学といえるが、何をいってもそれが反証にならない、その理論が間違っていると、どうしてもいえないようなものは、もう科学ではないといっています。

キリスト教もマルクス主義も反論が難しいものです。同じようにフロイトの考え、フロイト主義も反論が非常に難しいものです。

新興宗教の教祖でも、非常によくできた理論体系のようなものを妄想も含めてつくる人がいます。ひとつのトータルな世界観をつくってしまうわけです。それを信じれば、世の中のたいていのことが説明できてしまうので、多くの人がその宗教に取り込まれ、その世界に酔ってしまう

＊13　マルクス主義
ドイツの思想家マルクスとエンゲルスが構築した理論体系。資本主義社会の矛盾と、社会主義社会の生ずる必然性を明らかにし、一九一七年のロシア革命以後、この思想をベースにした社会主義国家が生まれ、資本主義陣営と世界を二分した。

＊14　カール・R・ポパー
オーストリア生まれ。批判的合理主義の立場を打ち出した哲学者。科学や社会学の領域でも活躍。

のです。

フロイトの場合、人間の無意識・潜在意識というものに光をあてる理論を構築しました。**その中核には「性」があります**。人間の行動原理は性的欲求（リビドー）[*15]に基づく、という考え方です。また、現在でもよく使われますが、人間の行動は幼児期のトラウマ[*16]に原因があるという考え方もフロイト思想の流れにあります。この考え方に沿いさえすれば、たいていのことは説明できます。

しかしユングは、こうしたフロイトという巨大な人物の側にいて大きな影響を受けながらも、逆に、その後、ステップボードにして自分独自の学問を産み出していきます。師から学ぶべきことは学びながら、飲み込まれず、やがて師を超えるという「守破離《しゅはり》」ができたのです。

フロイトと別れてエネルギーを得る

前述したように、ユングは出会いの最初から**フロイトに対する違和感**を抱いています。しかし、はじめのうちは、そのことが自分の未熟さ、

*15 リビドー
フロイトは「性的衝動を発動させる力」と捉え、性の欲望・衝動として一般的に広まっている。ユングは広く「すべての本能のエネルギーの本体」と解釈した。

*16 トラウマ
心的外傷と訳される。外部から受けた精神的、肉体的な衝撃によって生まれた心の傷が、無意識下の抑圧となっているもの。

経験不足からくるものと思っていました。

フロイトとの決別には、大きな痛みが伴いました。フロイトのようなビッグな人間に非常に気に入られて、ユングはフロイトから後継者として[*17]目《もく》されていたわけです。しかし、ユングは自分の位置をしっかり守っています。

「そのころフロイトは、私をその後継者とみなしているということをしばしばほのめかしていた。こうしたほのめかしは私には厄介《やっかい》であった。というのは、私は自分が彼の見解を彼の意図していたようにうまく擁護《ようご》できないということを知っていたから。（中略）私は党派の指導という重荷を実際上自分の頭の上に負わすという考えに、決して魅力を感じてはいなかった。まず第一に、その種のことは私の性に合わず、第二に、私は私の知的独立性を犠牲にすることはできず、第三に、そうした光栄は私の真の目的を歪めるだけなので、私には全然ありがたくなかったのである。**私は真理の探究にかかわっていたのであって、個人的な名声の問題にかかわっていたのではなかった**」（『ユング自伝1』）

---

*17 **フロイトの後継者**
一九一〇年国際精神分析学会が設立され、ユングは会長に選ばれた。

そして、一九〇九年、ユングはフロイトとともにアメリカに講演旅行に行きます。この七週間にわたった旅行で決定的なことが起こります。

この旅の間、二人はお互いの夢を分析しあいます。

抑圧された性衝動
人間の行動原理はコレなのです
えっそれだけ?!

フロイトのリビドー理論に少々疑問を抱く

「私はフロイトを年上の、より成熟し、かつ経験豊かな人格とみなし、その点では息子のように感じていた。しかしそのとき、その関係のすべてに対して痛烈な打撃であると解ったことが起こったのである。

フロイトがある夢をみた――それの含んでいる問題をここに並べたてるのは正しいことではないだろう。私はそれを精いっぱい解釈したが、もし彼がその私生活から何か追加の詳細な情報を私に提供してくれるなら、もっと細かなことが言えるだろうにとつけ加えた。こうしたことばに対するフロイトの反応は、奇妙な目つき――最高度の疑いの目つきであった。その後、彼は言った。『しかし私は、私の権威を危うくすることはできないんだ！』**その瞬間に、彼は彼の権威を失ったのだ。**その言葉が私の記憶に灼《や》きついた。その中に、私たちの関係の終りがすでに予示されていた。フロイトは個人的権威を真理の上位に位置づけていたのである」（『ユング自伝1』）

そして、フロイトはユングの夢を、ユングに言わせると不完全にしか、解釈できませんでした。フロイトは、ユングの夢に出てきた二つの頭蓋《ずがい》骨《こつ》について興味を持ち、それはだれの頭蓋骨なのか、また死に関連したどんな願望を持っているのかを、ユングから聞き出そうとしました。

ユングはフロイトが期待するであろう考えを想像し、そのフロイトの解釈に抵抗を感じていたにもかかわらず、「妻と義妹のです！」[*18]と言います。

＊18 ユングの妻エンマ
ユングは二一歳のとき、はじめてエンマと出会う。エンマはこのとき一四歳だったが、ユングは将来の結婚を確信したという。エンマは後に精神分析家となり最後までユングを助けた。

「私はそのころ新婚ほやほやで、私自身の内部にはそうした願望に注意を向けさせるものは何もないことをよく承知していた。しかし私は、無理解と激しい抵抗に出くわすことなしには、その夢の解釈についての私の思いつきをフロイトに提示することはできなかったであろう。私は彼と喧嘩をしようとは思わなかったし、またもし私が自身の見解を固執したら、彼の友情を失うかもしれないと怖《おそ》れてもいた。他方私は、彼が私の答えをどう扱うか、もし私が彼の理論に合うような何かを言って彼を騙《だま》したりしたら、彼の反応はいったいどうだろうか、それを知りたいと思っていたのである。そこで**私は彼に嘘《うそ》をついた**のだ。（中略）彼に私の精神界へ

自分の権威を危うくすることはできん！
真理より権威のほうが大切ですか…
自分の夢を話すことを拒むフロイト。
その権威主義的態度にユングは幻滅した。

の洞察を与えることは、私には不可能だった。それと**彼との間の差はあまりにも大きかった**。事実フロイトは、私の返答によって大いに安心したようにみえた。このことから私は、彼がある種の夢を扱うには全く無力であり、彼の教養の中に逃げこまねばならないのだとわかった」（『ユング自伝1』）

こうして、ユングは、フロイトとの違いをはっきりと感じはじめていました。一九一二～三年の頃になると、ユングとフロイトとの決別[*19]はもはや避けられない状況でした。決定的になったのは、ユングの『変容の象徴』という本によってです。

ユングはこの本を書いているときに、「リビドーについての本を書いて『いけにえ』の章の終りに近づきつつあったときに、私はその出版が私にフロイトとの友情を犠牲にさせるだろうとあらかじめ承知していた」（『ユング自伝1』）と書いています。

彼はついに、フロイトとは決定的に違った自分の考えを執筆し、それは実際にフロイトとの決別をもたらします。

---

*19 決別
決別した後、フロイトのショックは大きく、第二次大戦でユダヤ人であるフロイトはナチスから弾圧を受けるが、ユングの助け舟も拒絶した。

「私は自分の考えを人に知らせずにおくべきか、それとも大切な友情の喪失を賭けるべきか。ついに私は執筆することに決心し、そしてそれは実際に私にフロイトの友情を失わせたのであった」（『ユング自伝1』）

ユングが師と決別できたのは自分のテーマにこだわり続けたから！
フロイト
ブロイラー

師からきちんと学びつつ、乗り越えていったユング

自分のマグマを巨大にする方法

フロイトとはっきりと決別できたのは、**ユングが自分のテーマにこだわり続けた**からです。すでにブロイラーの所からは離れてしまっていたのですから、学者としては、「寄らば大樹の陰」という考え方からすれば、フロイトの所にいて彼の後継者となるほうが利益があるわけです。

フロイトはたしかに当時の学会か

らは非常に批判されてはいました。しかし、周囲から強く嫌悪《けんお》され、反発されるということは、それだけ体制を揺さぶるほどの危ない力がある理論だからです。批判も多ければ、また彼のもとに集まってくる熱狂的な支持者もいます。

実際、フロイトの精神分析[*20]を抜きにしては、現代思想を語れないというくらい、大きな思想です。ユングがそのままフロイトと関係を続けていれば、ナンバー2としての地位を維持し、いずれフロイトの後継者になることもできたのです。ユングは、それを自ら蹴《け》ったわけです。その決断は非常に大きいものであったと思います。

生きていく意欲や探求心といった内部のマグマは、幼少年期に形成されます。しかし、その後に非常に大きな存在と出会ったとき、そこでまた新たなマグマを蓄積《ちくせき》することがあります。大人物が二人出会ったとき、お互いに影響し合って、それぞれの中にマグマが蓄積されます。

なかには、相手の巨大さに飲み込まれてしまうこともあります。飲み込まれてしまうことがすべて悪いというのではありませんが、飲み込ま

＊20 精神分析
精神の病に対する理解は大きく進み、また人間存在自体への多様なアプローチを生んだ。

れてしまうと、自分の中にそれほど大きなマグマを形成することはできません。それはそれで、ひとつの人生としてありえます。

しかし、その人の側にいたら自分が全部飲み込まれてしまいそうだと思ったとき、そこからあるエッセンスをつかみ取り、つかみ取ったら離れるという生き方もあります。また、離れざるを得ない場合があります。

そのときは、**離れることによって自分の内にさらに大きなマグマを形成することができる**のです。

ユングは、フロイトという巨大な才能と出合ったことによって、自分の内部にひとつのマグマを形成し、離れることによって、さらに大きなものにしたといえます。

フロイトは、ユングの才能がわかっていたのでしょう。ユングにはフロイトの持っていない、ヴィジョン力という強みがあるのです。だからといって妄想的ではなく、理解力に優れていて、自己客観視ができるタイプです。夢や空想の世界になじみ、ヴィジョン力も強いにもかかわらず、人格的にもゆがんでいない、社会生活もきちんとできる。

しかも、フロイトはユダヤ人ということで反発も受けますが、ユングはスイス人で、そういう反発も受けません。フロイトにとって、フロイト理論を世界に広める後継者としては、格好《かっこう》の人物であったわけです。

師弟関係では、師は弟子に、人生を預けるかどうかを迫ってきます。師は、社会の中でなんとか自分の考えを広めたいと思っています。弟子が完全に自分に帰依《きえ》して、自分の考えを大きな声で広めてくれ、自分の考えを逸脱せずに、考えを整備してくれることを望みます。

そうなると、弟子の独自性を奪うことになります。[*21] 弟子が師に全面的に帰依した場合は、そういう関係も成り立ちますが、弟子もまた才能がある場合には、そこで激しい化学反応が起こります。

ユングには、フロイトと出会ったときから「ズレているのでは」と違和感がありました。それでも、いわば禁断のリンゴを食べに行ったのです。このユングの勇気も、たいしたものです。

毒が入っているとしても、とりあえず食べてみる。最後に多少毒は残るにしても、吐き出して、その残った毒ぐらいはなんとか自分で処理

＊21 ユングは霊や超能力など超心理学的なものへの関心・理解が深かったが、フロイトはそういったものに拒否反応を示した。

我が道を行くユング。フロイトとの苦い決別

するわけです。

師から学ぶにあたって、これをやるかやらないかは、大きな違いがあります。適度な距離を持ってつき合うということで得ることができるものもありますが、それではたいしたものは得られません。

相手の懐《ふところ》にまで入って、そこで共に寝起きするような親しい関係に入ってこそ得られるものも大きいのです。

ユングの場合には、フロイトとの関係は、文字通り夢を語り合うような、無意識の世界にまでかかわっていくわけです。そういうものまでさらけ出し合うような、かなり濃い関係に入ります。そこまで踏み込んだからこそ、はじめて得るものがあったのです。

さらに、思い切って決別したからこそ、自分の理論を構築する推進力を得たわけです。

そうした推進力は、何かに一度出合ったとき、そして、また別れたときに加速します。

「フロイトと道を共にしなくなってから、しばらくの間、私は内的な不確実感におそわれた。それは方向喪失の状態[＊22]と呼んでも、誇張とはいえないものであった」（『ユング自伝1』）

ユングは、正統な学問の世界、いわばブロイラーの所にはもう戻れません。フロイトと別れたら、フロイト派も敵に回してしまいます。もう**居場所がない**わけです。

そこで、ユングは**自分の世界に集中**するのです。このときの集中が、ユングをフロイトとは違う、独自の世界的な存在にするパワーになったのです。

学べるポイント

① **偉大な師の懐の奥まで入り込んで、はじめてつかめるものがある**

② **その師から離れることで、大きなエネルギーを得る**

③ **自分の世界を守りつつ、学んだことを生かして新たな世界をつくる**

＊22 **方向喪失の状態**
フロイトとの決別後、ユングは自己の内面を深く探る「夜の航海」と呼ばれる状態に入る。

Point 3

ロマンティックな学者

人の心の奥に広大な世界を見いだす

夢で人生を決断する

ユングは人生の岐路《きろ》に立ったとき、人に相談するというのではなく、**夢に相談**します。

たとえば、大学に入学するとき、ユングは自然科学を勉強するつもりでしたが、歴史や哲学などにも興味があり、こちらのほうに向いているのではないかと悩みます。このとき、象徴的な二つの夢を見ます。

「最初の夢では、私はライン川沿いに拡がっている暗い森の中にいた。私は墓地のある小さな丘へやって来、掘りはじめた。しばらくして、驚いたことには、私は先史時代の動物の骨を掘り当てたのである。これが大いに私の興味を起こさせ、その時私は自然や、私たちの住んでいる世界や、私たちのまわりのものを実感したのだった。

その後二つ目の夢をみた。この時も私は森の中にいた。森には水路が縫《ぬ》うように抜けており、（中略）奇妙で不思議な生き物が横たわっていた。それは円い動物で、乳白色に輝き、無数の細胞か触手のような形をした器官から成っている直径約一メートルの巨大な放散虫だった。（中略）それが私の中に知識に対する強い欲望を生じさせ、私はどきどきしながら目を覚ましたのだった。これら二つの夢が私を圧倒的に科学の方に決めさせ、あらゆる疑念を拭《ぬぐ》い去ったのである」

夢をきっかけにして人生を選択

（『ユング自伝1』）

夢をきっかけにして人生を選択していくという、かなり変わった人生設計です。

実際には、ユングの家は決して裕福ではないので、自立してきちんと生計を立てなければいけませんでした。それでも好きな科学を勉強することで先行きに見込みがあるかなど、職業選択の問題に関して冷静に客観的に考えています。しかし、最終的に踏み出すときのきっかけを夢に求めています。

夢とは、すなわち内なる自分のことです。

職業などの選択のとき、ふつう自分一人で決められなければ、信頼できる人に相談するでしょう。ところがユングの場合は、内なる自分に相談するのです。

そして、ユングはこの夢からあるインスピレーションを得ます。

「この袋小路の中で、しようと思えば医学を勉強できるのだというインスピレーションが不意に湧《わ》いてきた」（『ユング自伝1』）

フロイトとの違いを意識することで自分の理論がはっきりしてくる

このようなユングの夢に対するとらえ方は、フロイトと大きく違うところです。フロイトは簡単にいってしまえば、「夢は過去の自分の中で無意識に抑圧されてきた願望の表われ」ととらえます。ユングは、夢をもっと広く大きくとらえます。**人類の過去の象徴**[*23]が表われたり、時には**自分の未来を告げるもの**なのです。

その違いは、フロイトが夢をあくまでも個人の無意識の世界のものとしてとらえるのに対して、ユングは、夢は、個人の無意識だけでなく、人類のコンプレックスなどの総体、集合無意識というとらえ方をするからです。

二人の間では、無意識というものが存在するという点と、コンプレックスというものがあるという考え方は共通しています。

コンプレックスというと、インフェリオリティ・コンプレックス（劣等感）を指すことが多いのですが、コンプレックスには、父親に関するコンプレックス、母親に関するコンプレックスなど、いろいろあります。ですから、別に否定的なものばかりではありません。

＊23　人類の過去の象徴
夢の中で神話の人物やストーリーが展開される。それは人類の共通記憶ともいえる。

フロイトとユングの違いは、そのコンプレックスの出所が幼少期にあるのか、それとも**人類の大きな意識の流れ**の中にあるのかということです。

ユングには、**自己を宇宙的な時間感覚でとらえたい**という思いがあったのだと思います。夢で見るヴィジョンが、無意識においては、古代人とつながっているというのです。

自分の中にいる二つの人格

ユングは、人間の心の深層に降りていき、その仮説を徹底的に検証しようとします。「ひとつの仮説にこれほど人生を賭《か》けられるか」と感心するような生き方です。

自分の中の二人の人格

ユングの学問の特徴は、

人間に対する解釈に非常にロマンティックな面を追求したことがあります。その学問をつくりあげた軌跡を見ると、自己の内面への探求が核心になってます。

彼の問題意識の根本には、「**二人の自分が存在する**」ということがありました。自分の中にあるNo1の人格とNo2の人格です。[*24] ユングは、母親の中にも、No2の存在を見ました。ふだんのユングのお母さんは落ち着いた家庭的な人なのですが、時々怖いような世間的な価値観とはまったく違う、もう一人別の人が住んでいると感じられたといいます。

ユングはすでに幼い頃から「自分の中に二人の自分がいる」感覚を抱いていています。それがはっきりしたのは、一〇代の学童期です。

「私はいつも自分が二人の人物であることを知っていた。一人は両親の息子で、学校へ通っていて、他の多くの少年たちほど利口でも、注意深くも、勤勉でも、礼儀正しくも、身ぎれいでもなかった。もう一方の人物は、おとなで――実際老いていて――疑い深く人を信用せず、人の世からは疎遠《そえん》だが、自然すなわち地球、太陽、月、天候、あらゆる生物、

*24 No1とNo2の人格
ユングは自らのNo1の人格を学校へ通うふつうの学生で、No2は老人のように成熟した大人というふうに認識した。

なかでも夜、夢、『神』が浸透《しんとう》していくものすべてとは近かった」(『ユング自伝1』)

№1が現実の自分であるとしたら、№2は影の自分であり、エネルギーそのものということもできるようです。

ユングが№1と№2についてはっきりとわかったのも、ある夢がきっかけです。

ある見知らぬ場所で、ユングは強風に抵抗し、手で消えそうな小さな明かりを囲んで、消えないようにしてゆっくりと前進していました。この小さな明かりを保てるかどうかにすべてがかかっているように思えました。

不意に何かが背後にやってくるのを感じて、振り返ってみると大きな黒い人影が追いかけてきています。あらゆる危険をおかしても、その小さな明かりを守らなければならないと知っていたのです。

ユングはこの夢をこう解釈します。

「この夢は私には重大な啓示だった。その時私はNo１が光の運搬人であり、No２はNo１に影のように従っていることがわかったのである。**私の仕事はあかりを守り、透徹《とうてつ》した生命力の方を振返って見ないようにすることだった。**つまり透徹した生命力は明らかに、別種の光をもった禁じられた領域[*25]だったのである」（『ユング自伝1』）

この二つの人格の問題は、やがて集合的な無意識という概念とも結びついていきます。

人間に対するロマンを持ち続ける

ユングは人間の存在にロマンを求めていたということができます。人間の精神がどこまで広がっているのか。人間の心は何とつながり、どこまで行けるのか。人間の精神を解釈し、説明するだけではなく、そこにさまざまな可能性、広がりがあることを示してくれました。

「私の全存在は、**生活の陳腐《ちんぷ》さに意味を与えるかも**しれない、いまだ知られざる何かを求めていたのであった」（『ユング自伝1』）

＊25 **禁じられた領域**
世間とふつうにやっていける人格がNo１とすると、No２は神秘的な世界を象徴する。

人の心は古代、宇宙とつながっている

人間にロマンを求める気持ちが、無意識の世界から人類共通の無意識があるという集合無意識の探求、さらには錬金術、UFO、聖杯[*26]の秘密、マンダラ[*27]の世界などの研究に、ユングを向かわせたのです。

そのことはまた、ユングがフロイトと決別した大きな要因でした。

「心に探りを入れようとするあらゆる努力が心の奥底に、あまりにもありふれた、また『あまりにも人間的な』限界以上のものは何も見出しえなかったらしいということ〈フロイトが無意識の中に「性」を発見したこと〉は、私に深い失望を起こさせた」（『ユング自伝1』）

フロイトが心の病の解釈の中心に性を置いたことは、ユングにとって物足りなかったのでしょう。ユングには**人間はそれだけのものではない**という強い思いがあったのです。

フロイトの解釈では、人間が生きていることの意味を充実させることができないのではないかと考えていました。**すべてをセックスが原因なのだというのでは、身も蓋《ふた》もない**ということです。

フロイトの患者は、当時のウィーンの上流階級の女の人たちで、性的

---

*26 **聖杯**（せいはい）最後の晩餐で、イエス・キリストが使用した杯、あるいは十字架にかけられたイエスの血を受けた杯のこと。それを手にした者に巨大な力が授けられると信じられ、聖杯伝説を生んだ。

*27 **マンダラ** 仏教（特に密教）において仏の悟りの境地、世界観などを視覚的・象徴的に表わしたもの。

な抑圧が強く、性的な欲求不満が高いケースが多かったのは事実ですが、ユングは性的な説明よりも、もっと深い説明を欲しました。

ユングは、もっとロマンのある解釈はないのかと求めていたのです。

そこで、ユングは、人間の**無意識の世界は、古代エジプトやアフリカとつながっている、宇宙とつながっている、**などと解釈していくわけです。

「われわれの心は、身体と同様に、すべてはすでに祖先たちに存在した個別的要素からなり立っている。

個人的な心における『新しさ』というのは、太古の構成要素の無限に変化する再構成なのだ。したがって肉体も精神も、すぐれて歴史的性格をもち、新しいもの、つまり今ここに生起するもののなかに、独自といえる個所はない。

すなわち、そこでは先祖の要素がただ部分的にあらわれているにすぎないだけである」（『ユング自伝2』）

私たちが古代の神話や中世の騎士物語、あるいはＳＦなどに感じるようなロマンを、ユングの理論には感じることができます。日本でユングファンが多いのも、このあたりが原因でしょう。

ユングの理論は、正しいか間違っているかということだけで論じてはつまりません。**人間がもっと面白く感じられる**ようになる解釈なのです。そうしたとらえ方が大事なのです。

無意識像というのは、個人の生活史だけでは解釈できないし、いわんや幼少期の性的な外傷などの心的外傷などにも還元《かんげん》されない。人類が持っている**様々な物語やイマジネーション**とつながっている。そう解釈すると、わくわくしますね。

こういったユングの考え方は、現在のさまざまな物語に影響を与えています。

たとえばル＝グウィン[*28]の『ゲド戦記』などは、まさにユング心理学なしではあり得ない世界です。このシリーズの中の『影との戦い』は、タイトルが象徴しているように、自分の「影」、ユングの言う「No2」との戦いです。あるいは映画『スター・ウォーズ』[*29]シリーズなども、ユング

＊28　アーシュラ・K・ル＝グウィン（一九二九‐　）　アメリカのSF作家、ファンタジー作家、小説家。高名な文化人類学者を父に持ち、独特の世界観のある物語世界を展開。ファンタジーの名作『ゲド戦記』のほか、『闇の左手』『所有せざる人々』等が代表作。

＊29　スター・ウォーズ　スティーブン・スピルバーグ監督のSF映画。一九七八年第一作が日本公開。主人公ルークと、悪の道へ落ちた父ダース・ベイダーの長い物語。

の影響なしには生まれ得なかった作品です。

豊かな魂の世界とつながる

ユングに触れると、自分が個人として切り離された、離れ小島のような感じがしなくなります。

また、今の日本で蔓延《まんえん》している、「才能がある・ない」とか、「お金が儲けられる・儲けられない」というような、きわめて俗物的な価値観が、ばかばかしく見えます。

人間の「魂」とはそういうものではない。**人間は、本来、魂の底に降りていけばいくほど豊かになる。**そうなっていないのは、その豊穣《ほうじょう》な魂の世界を追求してないだけだ。ユ

「スター・ウォーズ」のテーマもユング的！

ングのそういったメッセージは、われわれに生きている意味を強く感じさせます。

ユングは、人間を社会的な存在だけとはとらえていません。そして彼は、人々の魂の安らぎにつながる理論を打ち立てたのです。

私たちは、もっと自分の生きている意味について幻想を抱きたい。あるいは期待を抱きたいのです。そういう勇気づけがユングにはあります。ユングは現代の神経症についてこう語っています。

「今日のいわゆる神経症者の中には、他の時代ならば神経症的になっていないであろうような人がかなりある。

もし彼らが、神話によって祖先の世界とまだ繋《つなが》っていたり、真に体験され単に外側からみられたのではない自然との繋りもまだもっているような時代と環境に生きていたら、自分自身との分裂を経験せずにすんだであろう。（中略）

これら**現代の二分された心の犠牲者たち**は、自ら選んでなった神経症者にすぎない。彼らのみかけの病状は、自我と無意識の間の割れ目が

人の心は大いなる世界とつながっている！

閉じられた瞬間に消え失せるのである」（『ユング自伝1』）

ユングは、究極のゴールは「自己」であるといいます。自我とは意識の中心です。自己というのは意識だけはなく、無意識をも含めた自分の魂の中心なのです。

一九一八～二〇年、ユングが四三～四五歳の頃、彼は毎日のようにマンダラを描いて、最終的には、心の発達のゴールが自己であると考えるようになります。

「私の描いたマンダラは、日毎に新しく私に示された自己の状態についての暗号であった。（中略）

……マンダラを描き始めてからは、すべてのこと、私が従ってきたすべての道、私の踏んできたすべての段階は、唯一の点――すなわち中心点――へと導かれていることが解った。マンダラは中心であることが段々と明らかになってきた。それはすべての道の典型である。**それは中心、すなわち個性化への道**である。

一九一八年から一九二〇年の間に、私は心の発達のゴールは自己であることを理解し始めた」（『ユング自伝1』）

ユングのこのような解釈は、現実の世界に縛られ、日々をあくせくしている現代人にとって、ロマンと安らぎを与える壮大な物語ということができるのではないでしょうか。

学べるポイント

① **人間存在の大きな可能性を信じる**

② **さまざまな世界へ思考を広げる**

③ **自己の中に無限の世界との回路を探す**

第4章

深い思考のコアをつかむ

キーワードで読み解くユング

WORD ①

影（シャドウ）

ユングは影について、「影はその主体が自分自身について認めることを拒否しているが、それでも直接または間接に自分の上に押しつけられてくるすべてのこと――たとえば、性格の劣等な傾向やその他の両立しがたい傾向――を人格化したものである」と述べている。どんな人でも、その人となりに統合された人格として生きてくるとき、そこにかならず**「生きられなかった半面」が存在する**はずである。（中略）

われわれ人間は誰しも影をもっているが、それを認めることをできるだけ避けようとしている。影には個人的影と普遍的影がある。前者はある個人にとって特有のもので、先の例で言えば、**控え目な人にとって、攻撃的なところはその人の影になっている。しかし、攻撃的な生き方をしている人にとっては、控え目なことがその人の影になる**わけである。

個人的影は人によって異なるが、普遍的影は、たとえば殺人などのように、人類共通に有しているもので、悪の概念に近いものである。個人的影の存在を認め、それを自我に統合していくこともなかなかのことであるが、普遍的影となると、ほとんど不可能に近い。
自分の影の存在を認めないようにするため、人はいろいろな方策を用いるが、投影の機制《きせい》は非常によく用いられるものである。これは文字どおり自分の影を人に投げかけるのである。

（中略）

影は自分の両親や兄弟にもわりに投影される。とくに思春期において親から自立しようとする傾向が生じてくるときには、親の否定的な面が見えてくるために、親の像と影はしばしば融合してしまって、自分の親が途方もない悪者のように意識されることが多い。

（『無意識の構造』河合隼雄／中公新書）

読み方のポイント　私たちの心の中には表に出ているものとは違う性質、違う人格があるようです。そしてそれはなかなか受け入れることができない。しかしこの「影の自分」とどう向き合うかは皆に等しく大きなテーマです。

WORD ②

内向と外向

ユングによれば、外向型の人は、周囲のできごとからほとんど無限といってもよいほどの刺激を受けるので、行動の基準となる道徳律は、その人をとりまく環境が求めるものと一致するし、社会に順応しようとする意欲が強い。**一般に親切でつき合いやすく、他人のために自己を犠牲にしても悔いないし、よく働き、社会的に成功することも多い。**

しかし、そのために自分自身の欲求を抑圧し、身体的な健康を損なうことさえある。たとえば、どんどん注文があるとか、あらゆる可能性をためしてみるという理由から、次から次へと仕事を拡張する実業家などは、この例であるし、積極的で、行動力に富み、他人の注意を自分にひきつけようとする傾向が強い。せっせと働いて仕事に成功した結果、その事業の重みに耐えかねて、急に神経性の渇きに襲われ、アルコール中毒になったりすることもある。（中略）

外向型の人の無意識は、ちょうどこの反対で、ものわかりのよい普段の態度の背景に、どこ

か幼稚で自己中心的な欲求が渦をまいている。（中略）

これに対して、**内向型の人は、周囲の影響よりも、自分の主観的な考えを重要視する。**内向型の人でも、現実に向かい合っていることに違いはないが、その現実を見る目に自分の考えが入るのである。したがって、現実そのものよりも、そこから受ける自分の印象のほうがはるかに重要となる。このタイプの人は、**自分自身の世界観をもっていて、容易に他人に迎合《げいごう》しないので、意固地《いこじ》でつき合いが悪いという印象を与える。**

しかし、ユングはこの種の人を、自己愛的だとか、利己主義だとか、閉鎖的であるというのは間違いであるという。なぜならば、世界は物質として存在しているだけではなく、われわれの眼にうつるとおりのものでもあるからなのである。人がものを認識するのは、そもそも認識する主体があって、はじめてできることなのである。（中略）

内向型の人の無意識は、その反対に、絶対的な他への隷属《れいぞく》になりやすい。

（『ユングの心理学』秋山さと子／講談社現代新書）

読み方のポイント　ユングは人間をいくつかのタイプに分類しました。その最もポピュラーなものがこの「内向」と「外向」です。タイプを知り、個性の問題に向き合っていくのがユングの取った考えでした。

WORD ③

アニマ／アニムス

男性は一般に男らしいと言われてるような属性をもったペルソナを身につけねばならない。彼は社会の期待に沿って、強くたくましく生きねばならない。そのとき、彼の女性的な面は無意識界に沈み、その内容が、アニマ像として人格化され、夢に出現してくると、ユングは考える。女性の場合はこの逆で、女らしいペルソナをもつために、男性的な面はアニムスとして無意識界に存在するという。このように、男性であれ女性であれ、潜在的可能性としては両性具有的であると考えるところが、ユングの特徴である。（中略）

逆説に満ちた尋常《じんじょう》ならざる世界、その世界への仲介者がアニマなのである。ユングは時に、普遍的無意識そのものとしてアニマを語ったり、その世界への仲介者としてアニマを語ったりする。要するに、われわれの把握しうるアニマ像はそのどちらかの意味を、そのときに応

じて重く背負って出現するのであろう。（中略）
女性の場合は、その女らしい外的態度に対して、無意識内には男性的な面が集積《しゅうせき》されている。それは**夢において男性のイメージをとって出現するが、それは彼女のアニムス像**ということになる。アニマの場合と同様に、女性の内界に存在するアニムスは、その人の生き方に強い影響を与えるものである。

（『無意識の構造』河合隼雄／中公新書）

読み方のポイント　この心理的な両性具有の考えは、生物学的には遺伝子の数で性が決まる、という事実に起因しています。身体的な性ではないもう一方の性が、ふだんは無意識を構成していて、それが「永遠の女性（男性）」「恋人」などのイメージや夢になってあらわれます。

WORD ④

マンダラ

自己の象徴が幾何学的な図形によって表されることにユングは気がついた。これには後述するように、ユング自身の体験が最初大きい役割を演じている。彼はそのような図形が、東洋の宗教におけるマンダラ（曼陀羅）と同様のものであると知り、そのような図形を総称してマンダラと呼ぶようになった。著者は無学にもマンダラのことを初めて聞いたのは、アメリカ留学中にユング派のアメリカ人からであった。マンダラのことを聞いてもぴったり来ず、率直に言って、眉唾《まゆつば》的な感じをさえ抱いたのだった。しかし、それ以後、多くの臨床経験のなかで、マンダラ図形が重要な役割をもつことを体験し、いまでは無意識の心理学における重要な要素であると思うようになった。（中略）

マンダラとはサンスクリット語であり、その語義はたくさんあるが、密教においては、本質、道場、壇、聚集などの意味を持つと言われている。仏教の本質としての菩提・正覚の意味から、

それを得る神聖な道場としての壇、そして、その壇には仏・菩薩《ぼさつ》が充満しているという意味での聚集などを、それは表している。あるいは「円輪」の意味もあり、それが円輪として表されることを示している。これらのことを図絵にしたのがマンダラ図形で、それをマンダラと通称しているわけである。

（『無意識の構造』河合隼雄／中公新書）

読み方のポイント　ユングがはじめて描いたマンダラは、男性と女性、生と死、光と闇といった対立物を配置しながら、中心に向かって自己をとりまく世界から内面へと、個性化していく過程を描いたものでした。自分の思想をビジュアルで表現する力も、天才の条件です。

WORD ⑤

集合無意識

ユングの集合無意識、または普遍的無意識とも訳されている概念は、あくまでも仮定であって、実態として証明し得るようなものではない。それは彼が元型とよんだあらゆる情動の源泉として考えられているものの総称であって、心の深奥にあると仮定されているので、なにか実体のある層をなしているようにも思われているが、一つの点としてコンプレックスの中心にあり、**層をなしているというよりも、一種の心理機構のようなもの**と考えたほうがわかりやすいであろう。

それは原初的な、神話的要素でできているといわれるが、むしろ、原初の時代から、人間は同じ元型的な心理構造をもっていて、そこから、古代の神話も、現代のわれわれの夢や幻想も生まれてくると言ったほうが適当であるかもしれない。つまり、**それは心が生み出す劇的な効**

果をもった情緒性の基盤であって、想像力の原点として考えられるものである。（中略）

こうして考えると、ユングの集合無意識の概念は、古代の哲学や現代の理論物理学とかかわっていて、非常に複雑なように思われるが、実は、われわれの日常的な心の動きの面から見れば、それほど難しいものではない。

誰でも、父や母の問題にふれられると、どこかで心が動くのを感じるであろう。よくも悪くも、父母の存在は、人間の冷静な考えを乱すことが多い。それはたとえば、生まれた時から実母や実父を知らない孤児でも同様であって、あるいはむしろ、孤児ほど父や母という言葉に動かされるものはないかもしれない。

したがってそれは、ある個人の過去の体験によって生まれてくるものではなく、あらゆる人が普遍的に、**生まれた時からもっている一種の情動の原点の一つ**であって、**人間の想像力もそこから生まれてくる**のである。それは異性についても言えるであろう。もの心つくころから、人間は異性に対して、特別の情動的な関心をもち始める。それは同性愛者であっても同様であって、どちらかが男か女の役割をとっている。影を恐れるのもまた、未開人ばかりではない。

つまり、ユングが集合無意識とよび、その内容として考えた元型は、人間に普遍的に存在し、集合的な影響力を持ち、時代と場所によって、あるいは民族や地方によってそれぞれ少しずつ違った形をとることもある情緒的なもの、または、情動的でダイナミックな力の原点なのである。

（『ユングの心理学』秋山さと子／講談社現代新書）

読み方のポイント　ユングは人間の無意識が生み出すものを、時間と空間を超えて関連づけました。彼はこの考えを人間の身体にあてはめてみると、昆虫や単細胞生物の心理も理解できると言っています。まさに天才ならではの着想ですね。

WORD ⑥

共時性（シンクロニシティー）

無意識は意識の一面性を補償するはたらきがあるが、その無意識が意識へ作用を及ぼし、全体性への回復への始動がはじまる「時」というものが存在する。（中略）

ユングはこのような「意味のある偶然の一致」を重要視して、これを因果律《いんがりつ》によらぬ一種の規律と考え、非因果的な原則として、共時性（シンクロニシティー）の原理なるものを考えた。つまり、自然現象には因果律によって把握できるものと、因果律によっては解明できないが、意味のある現象が同時に生じるような場合があり、後者を把握するものとして、共時性ということを考えたのである。

共時性の原理に従って事象を見るとき、なにがなにの原因であるかという観点ではなく、なにとなにが共に起こり、それはどのような意味によって結合しているかという観点から見ることになる。われわれ心理療法家としては、因果的な見かたよりも、共時性による見かたでものを見ているほうが建設的な結果を得ることが多いようである。

（『無意識の構造』河合隼雄／中公新書）

読み方のポイント　ユングが診察していた女性患者が、夢でコガネムシを見たと話している。ちょうどそのとき、診察室の窓をコガネムシが叩いた。そんな、意味のある偶然を定義する言葉です。ささいな日常生活の出来事から、夢や無意識へと思考を飛躍させる考え方です。

第5章

知のカリスマは実際こんな人でした
エピソードでわかるユング

カール・グスタフ・ユング
（1794-1864） ゲーテの庶子!?

父 **ヨーハン・パウル・アヒレス・ユング**
（1842-1896）
おとなしい牧師。しかし息子には「牧師にはなるな」

母 **エミーリエ・プライスヴェルク**
（1848-1923）
エキセントリックな性格。「ファルロスの夢」にもあらわれた

親愛なる家族

敬愛

ユングを追いかけて

F・フェリーニ
（天才映画監督）
A・K・ル＝グウィン
（ファンタジーの母）
スティング
（世界的ロッカー）
ほか多数

攻撃

ユングはファシストだ？

◆**同時代の思想家たち**
E・ケストナー（作家・詩人）
E・ブロッホ（哲学者）
W・ベンヤミン（思想家）

非常に旺盛だった女性関係

◆**女性たち**

風変わりな親族
ゲルトルート・ユング・プライスヴェルク（ユングの妹。降霊会に参加）
ヘレーネ・プライスヴェルク（ユングの従妹。降霊会で憑依する）

妻
エンマ・ラウシェンバッハ

愛人たち
ザビーナ・シュピールライン＝患者（元患者。ユングに捨てられ、フロイトのもとで精神分析家に）
バーバラ・ハナー（ユングの身近にいた女性のひとり。のちに『評伝ユング』を著した）
トーニー・ヴォルフ（元患者。40年以上にわたってユングを支える）

Jung, C.G.
relations >>>

天才ユング人間模様

1875〜1961

師やライバルたち

◆精神分析家群像

O・ブロイラー（最初の師）
S・フロイト（師、のち別離）
A・アードラー（フロイトと対立）
W・ライヒ（フロイト学派）
J・ラカン（フロイト学派）

作家たちとの交流も

◆文学者たち

K・シュピッテラー
（スイスのノーベル賞作家。『タイプ論』でユングが絶賛）
H・ヘッセ
（ユングの影響で『デミアン』を執筆）
J・ジョイス
（『ユリシーズ』で著名。娘がユングの診察を受ける）
ヴァン・デル・ポスト
（アフリカ体験を通して晩年のユングと行動をともに）

お互いに影響を与えあう

◆エラノス会議（宗教学などの自由な意見交換の場）

M・エリアーデ（宗教学）
M・ブーバー（神学）
H・リード（思想家）
G・ショーレム（ユダヤ神学）
K・ケレーニー（宗教学）
鈴木大拙（仏教哲学）
井筒俊彦（イスラム思想）

わたしのみたユング

バーバラ・ハナー

観光客を惹きつける「徹頭徹尾スイス人」

スイスはたぶん世界で最も良く知られた観光客の中心地であるが、驚くことに、その他の点ではほとんど知られていない。ユングは晩年、相当面白がって、彼がベルンの熊たちのように観光客を引きつけるようになった、とよくこぼしたものである。ちょうど、マッターホルンやユングフラウを見落とすべきではないように、有名な老いたユングを見たいというのがスイスを訪れる目的の一部にほとんどなっていた。

彼のプライヴァシーへのそのような侵入は当然はっきりした理由によって阻止されなければならなかったとはいえ、それはまた非常に健康な本能にも基づいていた。**ユングは山々とまったく同じくらい有機的にスイスに属し、まったく同じだけスイス人という土壌に属していた。**彼の国際的評判と、あらゆる国民性の立場に立って物を見、文学的あるいは心理学的に彼らの言葉を話す能力にもかかわらず、彼は徹頭徹尾スイス人でありまたスイス人であり続けたのである。（中略）かなりの時間をとられたにもかかわらず、ユングはつねに有権者としての義務を充分引き受けたが、それはほとんど彼を満足させなかった。生涯の終りになって始めてユングは、息子が彼の代わりに賛否表示をすることを願い出て許可を得たのである。

（『評伝ユングⅠ——その生涯と業績』後藤佳珠・鳥山平三訳／人文書院）

バーバラ・ハナー（一八九一～一九八六）

ユングのもっとも身近にいた女性のひとりです。ユング研究所では教官として後進の指導にもあたりました。

ヘルマン・ヘッセ

『デミアン』の元ネタはユング!?
「特筆すべき出会い」

このころのヘッセは、重要な作品を完成させられないとして、自分の無能さに悩んでいたのだが、むろんこの時期もまた多くの点でそれなりの価値があり、ヘッセの生涯の他の時期とさほど異なっているわけではない。たしかに危機が中心を占めていたが、そのような気質だったからこそ、彼の作品の多くが生まれたのである。それに一九一九年と一九二〇年は、ヘッセの名前がふたたび新たな輝きを帯びた年であった。一九一九年に『デーミアン』が出版されたからである。**最初は偽名を使っていたためにヘッセの名前は隠れていたが、この作品が大成功をおさめたことは彼にとって大きな助けとなった。**一二月になるまで、事情を知っている人々からつぎつぎと賞賛の便りが舞い込んだ。そのなかでとりわけヘッセをうれしがらせたのは、ヘッセが作者だと知らされたC・

G・ユングからの手紙だった。翌一九二〇年にヘッセが、『デーミアン』と『ツァラトゥストラの再来』の作者であることをおおやけに認めると、感激した読者からの反応が大波のように押し寄せ、その影響は彼の日常にまで及んだ。もっとも、政治的な理由からいつもの憎悪の投書も混じってはいたが。しかし、この危機の時期でもっとも特筆すべきは、C・G・ユングとじかに会ったことだろう。これはヘッセ自身が認めているよりもはるかに重要な影響をもたらしたと推測される。

（『評伝ヘルマン・ヘッセ――危機の巡礼者　下』
R・フリードマン／藤川芳朗訳／草思社）

ヘルマン・ヘッセ（一八七七～一九六二）

『車輪の下』などで知られるドイツの文豪。『デミアン』のほかに、『シッダールタ』などがユングとの交流から生まれました。

わたしのみたユング

ヴァン・デル・ポスト

世界中のあらゆる人々の友
「彼には接近の才能があった」

ユングはまさしく偉大な、才気あふれる隣人であった。彼には接近の才能があった。彼は、**もっとも軽蔑され嫌悪された人びとから、自分が到達した知的な高みから下を見おろして眩暈《めまい》を起こした人びとまで、あらゆる種類あらゆる身分の男女の友であった。**彼はまた、これから生まれてくる何百万という人びとの友である。接近の才能が、あらゆる種類の男女に彼を近づけた。どこかの修道場に閉じこもった深く悩める魂から、ニュー・オーリンズのみすぼらしい黒人理髪師まで、あるいは、亡びかけたアメリカ・インディアンの本質といえる「山の湖」、ヒンズー教の導師、軽蔑され迫害された原始人、チューリヒ湖畔の酒蔵管理人

――彼らは、同時代の偉人たちがユングを無視したとき、彼を理解し、親近感を覚えたのだった。わたし個人についていえば、アフリカや、わたし自身のなかの**「夢みる」領域にまつわる孤独感**――わたしはこれを四十年間抱え込んできたのだった――には、深い意味があるのだということに、ユングのおかげで気づくことができた。彼は、わたし以外の無数の人びとにも、まったく同様の貢献をしていたのだった。

（『現代思想一九七九年四月臨時増刊号総特集ユング』
秋山さと子・鈴木晶訳）

ヴァン・デル・ポスト（一九〇六～一九九六）
アフリカ通で知られる英国の紀行作家。映画『戦場のメリークリスマス』の原作者として、日本でも知られています。

F・フェリーニ

兄貴に対して感じるような尊敬の気持ち

「予言者であり科学者」

私はユングを完全に信頼しており、全面的に敬服している。（中略）私がユングのことを簡単に口にするとき、私はあのときの自分の体験の深さと、それが私に及ぼした決定的な影響とについて、どうしても正当な取扱いをしそこなってしまうような気がする。どんなふうに言ったらいいだろう？　あれはまるで未知の風景を眺めたときのような、新しい人生の見方を発見したときのような体験だった。そしてそれは、その体験をもっと大胆な、もっと大きいかたちで利用する機会――不安や無意識や放置された傷などの粗石の下に埋まっているあらゆる種類の活力、あらゆる種類の事物を回復させる機会――を与えてくれた。

私がユングをきわめて熱烈に礼賛するのは、**彼が科学と魔術、理性**

と空想とが出会う場所を見つけたことにある。彼は、私たちが神秘的なものの誘惑に身をゆだねるのを認めてくれた。私たちは神秘的なものが理性によって同化されるだろうということを知って安心したのである。私の尊敬は兄貴に対して感じるような、つまり自分よりよく知っていてそれを教えてくれる誰かに対して感じるような尊敬の気持ちだ。それは今世紀の偉大な旅の道づれの一人――予言者であり科学者――に対して私たちが抱く尊敬の気持ちである。

（『私は映画だ――夢と回想』岩本憲児訳／フィルムアート社）

フェデリコ・フェリーニ（一九二〇～一九九三）

イタリアを代表する映画監督・脚本家。ユング心理学の痕跡《こんせき》をとどめる作品として、『8 1/2』などが知られています。

A・K・ル＝グウィン

わたしたちはみな似かよっていると教えてくれた

「未来への希望を担うもの」

偉大な心理学者は何人もいますが、そのなかでユングは孤立した〝イド〟ではなく、〝集合的無意識〟の存在を強調することによって、この過程を最もうまく説明しています。意識の支配する、狭いけれども明るく光に照らされた場所の向こう側に広がる心―身の領域は**わたしたちのうちの誰しもみな非常に似かよっていることをユングは教えてくれます**。これは常識や理性の価値を低く見るという意味ではありません。個人の意識性を獲得することをユングは〝個性化〟と呼んでいますが、これはユングにとってすばらしい業績、文明のなしとげた最大の業績であり、わたしたちの未来への希望を担うものなのです。けれども木というものは深く根を張ってはじめて成長します。
それゆえ**真の神話は意識と無意識の世界をつなぐ過程でのみ生まれてくる**ように思われます。生きた元型はわたしが自分の本棚やテレビのなかに探したところで見つかりません。それはわたし自身のなか、人類共通の闇の中心にある個性という核のなかでのみ見い出すことができるのです。個人だけが立ちあがって窓辺に行き、カーテンを開けて、闇をのぞきこめるのです。

（『夜の言葉』青木由紀子訳／岩波同時代ライブラリー）

アーシュラ・K・ル＝グウィン（一九二九〜　）
アメリカのファンタジー、SF作家。『ゲド戦記』シリーズや、『闇の左手』などは世界中で愛読されています。

スティング

人生の危機に出会った「ユングは優しい」

●ユングの方法論なり、心理学に出会ったのはいつ頃ですか。

「よくできたもので、困った時にめぐりあうことになっているんだね、こういうのは。僕がユングを知ったのは、ちょうど人生の危機にさしかかって精神的にひっくりかえっている時だった。それで頼った手段の一つがユング心理学、自己分析だったんだ。この出会い自体が全くの偶然、まさしく〝シンクロニシティ〟だったんだけどね。僕は、本は乱読する方なんだけれど、あの本を読んだら次はこれ、っていうふうに内容に添って気ままに読みすすむうちに、ユングに行き当たったという感じだな」

●でも何故フロイトでなくユングなんです？

「**ユングの方が、優しいところがあると思うよ**（後略）」

（「ロッキング・オン」一九八五年一〇月号
／インタビュアー：増井修）

スティング（一九五一〜　）

ロックバンド「ザ・ポリス」でデビュー。ユングの影響を受けたアルバム『シンクロニシティ』は世界的ヒットとなりました。

『創造する無意識――ユングの文芸論』
松代洋一訳
平凡社ライブラリー

分析心理学を駆使してニーチェやゲーテの作品を読み解く、コンパクトな一冊。

『現在と未来――ユングの文明論』
松代洋一訳
平凡社ライブラリー

稀代の思想家は同時代をどのように見たか。現代の行く末を予言した論集です。

『個性化とマンダラ』
林道義訳
みすず書房

マンダラを通して人が個性を獲得するプロセスがわかる、図版も美しい本です。

『分析心理学』
小川捷之訳
みすず書房

5回にわたる講演をまとめたもので、ユングを理解するために格好の一冊です。

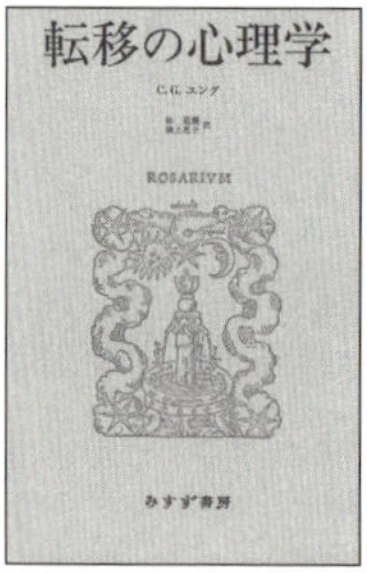

『転移の心理学』
林道義・磯上恵子訳
みすず書房

16世紀の錬金術を駆使して、心理療法の「転移」を解説しています。難易度高い。

『元型論』
林道義
紀伊國屋書店

神話学や東洋学の知見と臨床例から集合無意識について説明しています。

JUNG books >>>

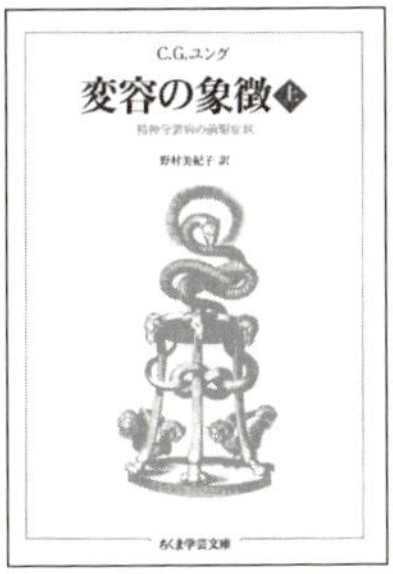

『変容の象徴』全２巻
野村美紀子訳
ちくま学芸文庫

ユング心理学を打ち立てた記念碑。でもフロイトと決別の契機にもなりました。

『ユング 錬金術と無意識の心理学』
松田誠思訳
講談社＋α新書

中世の錬金術師・パラケルススを「無意識の心理学」の先駆者として論じます。

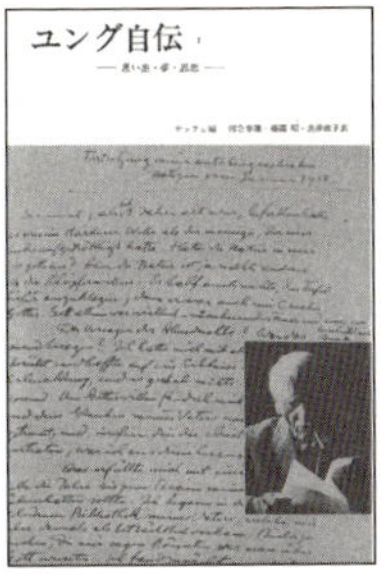

『ユング自伝——思い出・夢・思想』全２巻
ヤッフェ編
河合隼雄他訳
みすず書房

人間ユングを知るには、まず本書。生い立ちから最晩年までのすべてがここに。

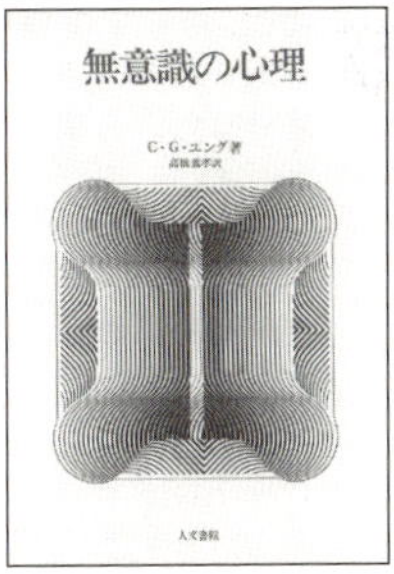

『無意識の心理』
高橋義孝訳
人文書院

ユングが書いたユング心理学の入門書。本書からユングを学んだ方も多いはず。

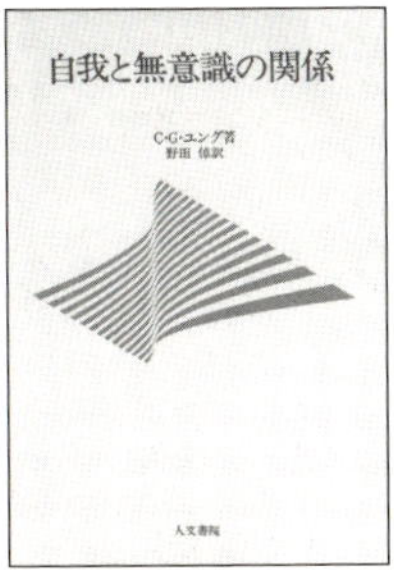

『自我と無意識の関係』
野田倬訳
人文書院

集合的無意識を中心に、中期までのユング思想を比較的理解しやすいのが特長。

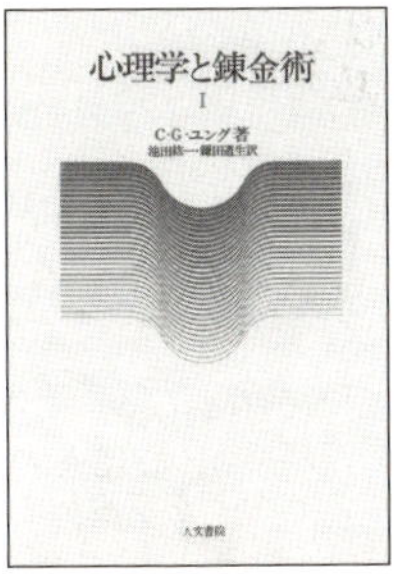

『心理学と錬金術』全２巻
池田紘一・鎌田道生訳
人文書院

錬金術って何を伝えたかったのだろうか。その問いにユングがとりくんだ全２巻。

ユングのおもな著作12冊

天才をもっとよく知るために

『ユング——知の教科書』
山中康裕編
講談社選書メチエ

ユングをめぐる伝記やキーワードがコンパクトにまとめられた、便利な入門書。

『評伝ユング——その生涯と業績』全２冊
Ｂ・ハナー
後藤佳珠・鳥山三平訳
人文書院

30年以上にわたってユングの身近にいた女性による本格的な評伝。実像に肉薄。

『ユングの心理学』
秋山さと子
講談社現代新書

夢や無意識をキーワードに、わかりやすくユング心理学を説いたベストセラー。

『ユング——地下の大王』
Ｃ・ウィルソン
安田一郎訳
河出文庫

オカルトやＵＦＯなど神秘的な側面を論じて、ユングの再評価に貢献しました。

『フロイトからユングへ——無意識の世界』
鈴木晶
ＮＨＫライブラリー

「無意識」をめぐって対立した、フロイトとユングの思想をわかりやすく紹介。

『ユング心理学辞典』
アンドリュー・サミュエルズ、バーニー・ショーター、フレッド・プラウト
山中康裕監修
濱野清志、垂谷茂弘訳

ユング心理学の基本用語から精神分析用語までを網羅した初の辞典。

RELATED books >>>

『エセンシャル・ユング——ユングが語るユング心理学』
A・ストー編著
山中康裕監修
創元社

ユングの代表的な著作から、そのエッセンスだけを網羅した画期的な一冊です。

『図説 ユング——自己実現と救いの心理学』
林道義
河出書房新社

ビジュアル要素たっぷりのユング伝。見て楽しく読んで充実のカジュアルな本。

『無意識の構造』
河合隼雄
中公新書

無意識とは何かについて、ユング研究の第一人者が具体的に分析した名著です。

『マンガ　ユング深層心理学入門』
石田おさむ
講談社＋α文庫

刊行以来、版を重ねている同書の文庫版。親しみやすさでは、文句なく一番です。

『ユング伝』
G・ヴェーア
村本詔司訳
創元社

A５判、２段組で450ページを超える大著。ユングの伝記のスタンダードです。

『現代思想 臨時増刊 総特集＝ユング』
河合隼雄、種村季弘ほか
青土社

ジャンルを問わないさまざまな執筆者がユングを語った、豪華なアンソロジー。

ユングを深める12冊

天才をもっとよく知るために

参考・引用文献

「ユングのおもな著作12冊」「ユングを深める12冊」に加えて

『ユングが本当に言ったこと』（E・A・ベネット／鈴木晶・入江良平訳／思索社）
『ユングをめぐる女性たち』（M・アンソニー／宮島磨訳／青土社）
『ユングを読む』（氏原寛／ミネルヴァ書房）
『フロイドとユング』（大槻憲二／春秋社『世界大思想全集』月報 1931）
『評伝ヘルマン・ヘッセ』（R・フリードマン／藤川芳朗訳／草思社）
『この時代の遺産』（E・ブロッホ／池田浩士訳／ちくま学芸文庫）
『ワイマール文化』（P・ゲイ／亀嶋庸一訳／みすず書房）
『大変貌』（S・ヒューズ／荒川幾男・生松敬三訳／みすず書房）
『rockin' on』（一九八五年一〇月号）
『夜の言葉』（A・K・ル＝グウィン／青木由紀子他訳／岩波同時代ライブラリー）
『私は映画だ』（F・フェリーニ／岩本憲児訳／フィルムアート社）

齋藤 孝

1960年静岡県に生まれる。東京大学法学部卒業。同大学院教育学研究科博士課程を経て、明治大学文学部教授。専攻は教育学・身体論・コミュニケーション論。「斎藤メソッド」という私塾で独自の教育法を実践。主な著書に『身体感覚を取り戻す』（NHKブックス）、『声に出して読みたい日本語』（草思社）、『読書力』『コミュニケーション力』（岩波新書）、『質問力』『段取り力』（筑摩書房）、『天才の読み方――究極の元気術』『自己プロデュース力』『原稿用紙10枚を書く力』『人を10分ひきつける話す力』、美輪明宏との共著に『人生讃歌』（以上、大和書房）など多数。

齋藤《さいとう》孝《たかし》の天才伝《てんさいでん》1

ユング

こころの秘密《ひみつ》を探《さぐ》る「ヴィジョン力《りょく》」

2006年3月10日　第1刷発行

2013年4月15日　第2刷発行

著　者　齋藤《さいとう》孝《たかし》

発行者　佐藤 靖

発行所　大和《だいわ》書房
東京都文京区関口1-33-4　〒112-0014

電　話　03(3203)4511

印刷所　歩プロセス

製本所　ナショナル製本

装　丁　穴田淳子（ア・モール・デザインルーム）

装　画　しりあがり寿

本文イラスト　イラ姫　市川美里（マイルストーンデザイン）

編集協力　荒井敏由紀
どりむ社

写真提供　共同通信

ISBN978-4-479-79151-5

乱丁・落丁本はお取替えいたします。

http://www.daiwashobo.co.jp